우리의
링컨을 기다리며

우리의 링컨을 기다리며

1쇄 발행일   2024년 2월 27일

지은이   김상문
제작   디자인비따

발행처   재단법인 제산평생학습
등록   2023년 12월 14일(제2023-000071호)
주소   서울시 종로구 새문안로 2길 10 디팰리스 813호
전화   02-6325-0114
팩스   02-6325-9114
홈페이지   www.jesan.org

우리의
링컨을 기다리며

Waiting for our own Lincoln

霽山 김 상 문 지음

프롤로그
Prologue

2023년 6월 13일 오전 10시 시카고 오헤어 국제공항에 도착했다.

지난 몇 년 동안 지속해 온 링컨이라는 인물에 대한 탐구작업을 정리하며 직접 현장에서 뜨거운 감동을 느끼고 싶어 계획한 일정이었다.

공항엔 160여 년 전 링컨 대통령의 장례 기간처럼 비가 내리고 있었다. 괜스레 마음이 숙연해졌다.

1860년 5월 18일 시카고에서 열린 공화당 전당대회 장소를 둘러보는 것을 시작으로 차를 몰아 링컨의 발자취를 따라가는 8일간의 여정에 나섰다. 이날 링컨은 누구도 예상하지 못한 역전 드라마를 통하여 공화당 대통령 후보로 선출되어 미국의 16대 대통령으로 당선되었다. 이후 대통령 링컨은 건국 이래 최대의 위기인 남북전쟁을 간난신고 끝에 승리로 마무리하고 전쟁의 와중에 노예 해

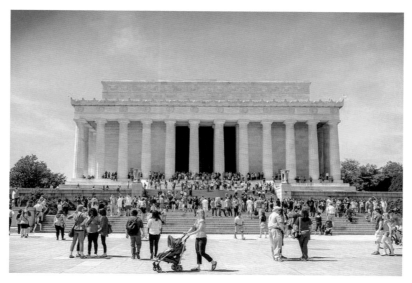

링컨 기념관을 방문한 참배객들
Lincoln Memorial Park in Washington D.C.

방의 역사적 위업을 쌓아 갔다. 링컨의 재임 기간 중 미국은 분열과 반목의 질곡에서 벗어나 이전과 다른 하나가 되는 국가로의 재탄생을 하게 되었다.

바다처럼 펼쳐지는 대평원의 장관을 보는 것을 시작으로 일리노이, 인디애나, 켄터키 그리고 워싱턴D.C.로 이어지는 여정은 새삼 미국민과 전 세계의 많은 사람들이 얼마나 링컨을 사랑하고 존경하며 추모하는지를 확인한 기간이었다.

그렇다면 링컨이 어떤 사람이기에 그이가 떠난 지 160여 년 세월이 흘러도 이토록 미국인과 인류의 가슴에 빛을 발하는가?

포드 극장에 있는 워싱턴과 링컨의 상징성을 나타내는 그림
Ford's Theatre in Washington D.C.

길지 않은 56년의 일생 중 그가 머물고 생활했던 곳들에는 예외 없이 국가 차원의 기념관과 추모공간이 정중하게 마련되어 있었다. 그리고 그 장소를 매일 수많은 사람들이 가족 또는 가까운 이들과 함께 순례하듯 찾아와 경건하게 링컨의 발자취를 돌아보고 있었다. 모든 기념관마다 눈에 들어오는 글귀가 있다.

'WASHINGTON MADE OUR COUNTRY, LINCOLN SAVED OUR COUNTRY'
워싱턴은 우리 나라를 세웠고, 링컨은 우리 나라를 구했다

오래전부터 링컨에 관한 기록을 남기기로 결심했다. 회사 경영과 학업의 병행, 개인적인 목표들의 달성을 위한 노력, 재단의 운영에 관한 일들로 분망했지만 틈나는 대로 몇 년 전부터 자료를 모으고 글을 쓰는 일을 게을리하지 않았다.

이 책을 펴내는 뜻은 다음과 같다.

사랑하는 가족들에게 링컨의 일생을 알려주어 어떻게 살아가야 하는지 스스로 결심하게 만들고 싶다.

그리고 이 땅의 주인이 되어 살아갈 수많은 젊은이들에게 흙수저 출신의 링컨이 걸어간 도전과 실패 그리고 성취의 위대한 삶을 진솔하게 알려주고 싶다.

마지막으로 우리 사회 전 분야에서 갈등과 대립이 점점 더 심화되고 있다. 그 대척점에 있는 책임 있는 사람들에게 링컨이 말하고 행했던 화해와 용서, 화합과 포용의 리더십을 전해 주고 싶다.

책의 제목을 '우리의 링컨을 기다리며'로 정한 것도 여기에 연유한다.

이 책이 나오는 과정에서 끝없는 격려와 사랑으로 용기를 북돋아 준 아내와 가족들, 그리고 동반자가 되어 큰 힘이 되어준 고국범 군의 애씀에 감사드린다. 말 없는 성원을 보내 준 회사의 모든 가족들에게도 감사의 인사를 전하며 수십 번의 교정을 통해 졸고를 바로 잡아준 비따 북스의 김지선 실장, 박재우 이사에게도 고마운 마음이 가득하다.

— 책 내용의 부족한 부분이나 오류가 있다면 그것은 오롯이 저자의 책임이다 —

2024년 봄을 맞이하며

霽山 김 상 운

일러두기

- 본 책자의 내용은 창의적 결과물이 아니라 기존의 링컨 관련 자료 및 책자 중에서 객관적 사실을 중심으로 발췌 인용하였다.
- 인용이나 주요 내용은 그 출처를 밝혀야 하나 워낙 많고, 또 독자들이 편하게 읽을 수 있도록 책자 뒤편의 참고 문헌 목록으로 대신함에 저자 및 관계자 분들의 해량 있으시길 부탁드린다.
- 관련 자료들의 상이한 내용은 미국 정부가 운용하는 링컨 기념관의 자료와 내용을 우선적으로 채택하여 인용하였다.

목차

우리 집 뜨락에 라일락 꽃이 마지막 피었을 때

월터 휘트먼

우리 집 뜨락에

라일락 꽃이 마지막 피었을 때,

한밤중 서쪽 하늘에서

위대한 별이 너무 이르게 떨어질 때

나는 서러웠다.

그리고 해마다 봄이 찾아오면

또다시 서러우리라.

영원히 다시 오는 봄은

언제나 나에게 세 가지를 한꺼번에 가져다준다.

해마다 다시 피어나는 라일락과,

서녘 하늘에 지는 별과,

사랑하는 당신 생각을.

오 서녘 하늘에 지는 찬란한 별이여!

오 밤의 장막이여!

오 우울하고 슬픈 눈물의 밤이여!

오 사라진 큰 별이여!

오 별을 가리우는 검은 어둠이여!

오 나를 맥 풀리게 하는 잔인한 손들이여!

오 의지할 데 없는 나의 영혼이여!

오 나의 영혼을 가두는

거세게 에워싸는 구름이여! ...

WHEN LILACS LAST IN THE DOORYARD BLOOM'D

Walter Whitman

When lilacs last in the dooryard bloom'd,

And the great star early droop'd in the western sky in the night,

I mourn'd, and yet shall mourn with ever-returning spring.

Ever-returning spring, trinity sure to me you bring,

Lilac blooming perennial and drooping star in the west,

And thought of him I love.

O powerful western fallen star!

O shades of night—O moody, tearful night!

O great star disappear'd—O the black murk that hides the star!

O cruel hands that hold me powerless—O helpless soul of me!

O harsh surrounding cloud that will not free my soul!...

아 선장님, 나의 선장님

월터 휘트먼

아 선장님, 나의 선장님!

우리들의 무서운 항해는 이제 끝이 났습니다.

배는 온갖 풍랑을 무사히 이겨내고,

우리가 추구하던 전리품도 쟁취했습니다.

드디어 항구는 가까워지고, 종소리도 들리며, 사람들이 환호하고 있습니다.

모여든 사람들은 견고한 선체와 강건하고 장엄한 배를 바라보고 있지만,

　　오 터질듯한 가슴이여, 가슴이여, 가슴이여!

　　나의 선장님께서 싸늘하게 쓰러져 누워있는 갑판 위로

　　　뚝뚝 떨어지는 붉은 핏방울이여!

아 선장님, 나의 선장님!

일어나셔서 저 종소리 좀 들어 보세요.

어서 일어나십시오.

당신을 위해 깃발은 펄럭이고,

나팔 소리는 울려 퍼지며,

무수한 꽃다발과 리본 달린 화환들이 있습니다.

당신을 맞이하기 위해

사람들이 몰려들어, 환호하고, 술렁이며

당신을 향해 열렬한 얼굴을 돌립니다.

　　아 선장님, 사랑하는 나의 아버지시여!

　　　당신의 머리를 떠받치고 있는 이 팔이여!

　　　　당신께서 갑판 위에 싸늘하게 쓰러져 누워계시다니

　　　　　이는 한낱 꿈이겠지요.

나의 선장님께서는 아무런 대답이 없고,

입술은 창백하며, 미동도 전혀 없습니다.

나의 아버지께서는 내 팔을 느끼지도 못하며,

맥박도 의지도 없습니다.

배는 항구에 무사히 정박했고

이제 항해는 끝이 났습니다.

무서운 항해로부터

승리의 배는 목적을 달성하고 입항했습니다.

　　오 환호하라 해안이여, 오 울려라 종들이여!

　　그러나 나는

　　　슬픈 발걸음으로 거니노라.

　　　　나의 선장님께서 싸늘하게 쓰러져 누워있는

　　　　　갑판 위를.

O Captain! My Captain!

Walter Whitman

O Captain! my Captain! our fearful trip is done;

The ship has weather'd every rack, the prize we sought is won;

The port is near, the bells I hear, the people all exulting,

While follow eyes the steady keel, the vessel grim and daring:

But O heart! heart! heart!

O the bleeding drops of red,

Where on the deck my Captain lies,

Fallen cold and dead.

O Captain! My Captain! rise up and hear the bells;

Rise up—for you the flag is flung—for you the bugle trills;

For you bouquets and ribbon'd wreaths—for you the shores
a-crowding;

For you they call, the swaying mass, their eager faces turning;

Here captain! dear father!

This arm beneath your head;

It is some dream that on the deck,

　You've fallen cold and dead.

My Captain does not answer, his lips are pale and still;

My father does not feel my arm, he has no pulse nor will;

The ship is anchor'd safe and sound, its voyage closed and done;

From fearful trip, the victor ship, comes in with object won!

　Exult, O shores, and ring, O bells!

　But I, with mournful tread,

　Walk the deck my captain lies,

　Fallen cold and dead.

위대한 승리를 거두고 항구로 돌아왔으나 자신을 향한 사람들의 환호는 듣지 못하는 내용은 남북전쟁을 북부의 승리로 이끌었지만 얼마 되지 않아 암살당한 링컨을 추모하며 비유하여 표현하고 있다.

월터 휘트먼 Walter Whitman, 1819~1892

미국의 국민시인 월터 휘트먼은 링컨의 죽음을 애도하며 두 편의 시를 썼다. 시인은 링컨과 동시대를 살았으며 서로 존경하는 사이였다. 링컨과 비슷한 환경에서 어린 나이인 11세부터 노동을 하며 독학으로 세상의 이치를 터득한 휘트먼은 어려운 여건에서 노심초사 미국을 이끌어간 링컨 대통령에게서 '알 수 없는 깊은 슬픔'을 느꼈다고 한다. 오늘날까지 링컨과 휘트먼은 미국의 존경하는 인물 중 윗자리에 위치한다.

링컨은 누구인가?
Who is Abraham Lincoln?

미국인과 전 세계 많은 사람에게 존경과 사랑을 받는 사람. 그리고 미국의 역사 및 정치를 논할 때 빠지지 않는 인물.

1970년 미국 신문편집인협회가 투표로 뽑은 '역사상 가장 존경받는 사람'에서 최고는 예수 그리스도였고, 그 다음이 링컨이었다.

미국의 전직 대통령 평가에서 부동의 1위는 늘 링컨이었고 2위는 조지 워싱턴이다.

링컨 이후의 미국 역대 대통령들은 소속 당적을 떠나 공화당 출신의 링컨을 최고의 대통령으로 평가한다. 최초의 흑인 대통령 버락 오바마Barack Obama는 대선 출마 선언식을 자신이 가장 존경하는 링컨의 정치적 고향인 일리노이주 스프링필드Springfield에서 가졌다. 심지어 자신을 역대 최고의 대통령이라고 자화자찬하는 도널드 트럼프Donald Trump조차도 '링컨을 제외하고'라는 단서를 달았다.

인도의 독립운동가로 초대 총리가 된 자와할랄 네루Jawaharlal Nehru는 그의 집무실 책상 위에 청동으로 주조한 링컨의 손을 늘 놓아두었다. 그는 이렇게 말했다. "이 손은 아름답고 강하고 확고하고 아직도 온화하다. 나는 매일 이 손을 보고 그때마다 힘을 얻는다." 고(故) 노무현 전 대통령도 링컨에게서 많은 영감을 얻고 세계 국가 원수 중 유일하게 링컨 책자를 출간하기도 했다.

가난을 딛고 독학으로 끊임없는 노력의 과정을 거쳐 밑바닥에서 정상으로 올라간 사람.

그가 받은 공식적인 교육 기간은 겨우 11개월 정도였다.

그는 사는 곳의 주변 마을에서 빌려볼 수 있는 책은 모두 빌려서 읽어보았다. 그래서 가장 고마운 사람은 책을 빌려주는 사람이었다고 훗날 말했다.

그는 또한 많은 대화와 연설에서 다음과 같이 말했다.

"나는 단 한 번도 정규 학교를 다닌 적이 없습니다."

"나는 단 5분의 여유가 있어도 책을 읽습니다."

"나는 만나는 사람마다 배움의 기회로 삼습니다."

"독서는 보물이 가득한 방으로 들어가는 것과 같습니다."

그에게는 학력學歷이 아니라 학력學力 즉 배움이 더 중요했다.

독서를 통해 얻은 지식과 그에 따른 행동은 고매한 인격, 위대한 용서와 포용의 리더십으로 승화됐다.

고난의 인생은 학교였고, 실패와 비난을 과목 삼아 충실히 공부한 사람.

많은 직업(우체국장 겸 배달부, 막노동자, 뱃사공, 측량기사, 프로레슬러, 가게 점원, 변호사 등)을 전전하며 세상의 힘든 경험을 계단 삼아 한칸 한칸 꿈을 찾아 올라간 사람.

실패의 아픔과 가난의 설움이 올 때마다 좌절에 빠지는 것이 아니라 그 인격을 보석처럼 다듬어 주옥같은 내면의 진가를 세상에 발휘한 사람.

성공보다는 실패가 더 많은 삶을 살면서도 결국에는 가장 큰 승리를 만들어낸 사람.

자식들의 요절에 따른 아버지의 아픔과 억척스러운 아내와의 힘든 가정생활도 웃음과 사랑으로 감싸 안은 사람.

사랑하는 사람들을 먼저 보내는 사별의 아픔도 내면의 추억으로 승화시킨 사람.

그는 두 번의 사업 실패와 10번의 선거에서 7번을 낙선했고 9살에 어머니, 18살에 누이, 26살에 사랑하는 사람, 40살에 둘째 아들, 53살에 셋째 아들을 떠나보냈다.

수임료를 따지지 않고 어렵고 불쌍한 이들을 위하여 더 많이 애쓴 변호사.

링컨의 변론은 논리가 정연했고 알맞은 비유와 주장을 하며 재판정에서 오고가는 법조문의 딱딱함을 벗어나 인간 세상의 합리적 이치와 자기 주장의 근거를 제시하여 많은 사건을 승소로 이끈 변호사. 그러면서도 링컨의 변호사 수임료는 가난한 이들에게 부담이 되지 않을 정도로 낮았다. 그의 동료 변호사들이 문제를 제기할 정도였다.

잘생긴 얼굴은 아니었고 평생 그를 괴롭힌 우울증으로 인하여 혼자 있을 때는 어두운 표정이었지만 다른 이를 만나거나 사람들 앞에서 연설할 때는 사랑이 넘치고, 마음에서 우러난 겸손과 친절한 미소로 상대를 사로잡는 사람.

대통령 집무실을 개방해 누구나 방문하여 대통령과 직접 이야기를 나눌 수 있도록 한 사람.
　그의 근무시간 대부분은 남의 이야기를 경청하는 것이었다.

국가 분열 위기의 내전인 남북전쟁을 온갖 어려움 끝에 승리로 이끌고 사랑과 관용, 용서와 포용으로 전쟁에 패배한 남부를 껴안아 미국을 진정한 하나의 국가로 더욱 단결시켜 강하게 만든 사람.
　링컨 이전의 미국은 각 주State의 연합체로서 '한 나라'라는 의식이 희박했다. 즉, 조지 워싱턴George Washington, 1732. 2.22.~1799.12.14. 당시의 미국은 주끼리의 이해관계가 맞지 않으면 언제든지 해체할 수 있는 연맹 성격이었다.

〈The United States *Are* ~ 〉; 복수형 연합

그러나, 링컨 이후의 미국은 각 주가 뭉쳐 하나의 나라이자 운명을 함께하는 진정한 국가 미합중국이 된 것이다.

〈The United States *is* ~ 〉; 하나의 단일 연합

미국의 수도 워싱턴 D.C.에 있는 링컨 기념관Lincoln Memorial Park의 헌사는 다음과 같다.

'이 성전에는 미합중국 국민의 마음을 담아 미국을 구원한 에이브러햄 링컨에 대한 기억들이 영원히 간직될 것이다. (In this temple As in the hearts of the people For whom he saved the union The memory of Abraham Lincoln Is enshrined forever.)'

강철 같은 의지와 비단 같은 부드러움을 가지고 감동을 주고 간 사람.

자신을 경멸하거나 경쟁했던 사람들도 감정에 치우치지 않고 그들이 가진 능력과 자질을 평가한 후 국가의 중요한 역할을 맡겨 그들을 통하여 위기를 극복한 사람.

노예 신분의 질곡에서 고통받는 이들을 해방시켜 새로운 인생으로 살도록 만든 사람.

그가 생을 마감하였을 때 누구보다 슬퍼한 사람들은 그를 비난했거나 경쟁한 사람, 적이 되어 총을 겨누었던 남부지방의 사람들,

그리고 노예 신분에서 해방된 흑인들이었다.

링컨은 이제 역사가 되었지만 그가 남긴 고귀한 유산은 오늘날 위대한 미국의 정신과 가치관을 만들고 전 세계의 수많은 이들에게 커다란 등불이 되고 있다.

러시아의 대문호 레오 톨스토이Leo Tolstoy는 링컨 탄생 100주년에 즈음하여 다음과 같은 말을 남겼다.

"역사상의 모든 위대한 국민적 영웅과 정치가 중에서 링컨만이 오로지 진정한 거인이다. 알렉산더, 프레드릭 대왕, 나폴레옹, 글래드스톤과 심지어 워싱턴조차도 인격의 크기, 감정의 깊이, 그리고 어떤 도덕적 박력에 있어서는 링컨에게 훨씬 뒤떨어진다. 링컨이야말로 국민 전체가 자랑할 만한 인물이었다. 그는 그리스도의 축소된 모습이며 인간성을 풍부히 지닌 성자였으니, 그의 이름은 오고 오는 시대의 전설 속에서 앞으로도 수천 년 동안 살아남을 것이다. 우리는 살아서 그의 위대함을 체험한 지가 아직 오래지 않아서 그의 뛰어난 능력을 올바로 파악하기가 어렵다. 그러나 앞으로 수백 년이 지나면 우리의 후손은 그를 지금보다는 훨씬 더 훌륭한 인물로 평가할 것이다. 그의 천품天稟의 재능은 아직 보통 사람들이 이해하기에는 너무나 찬란하다. 마치 태양의 직사광선이 우리 위에 떨어지면 너무 뜨거워 견디기 어려운 것처럼."

미국 워싱턴D.C. 포드극장 리더십 교육센터가 에이브러햄 링컨 대통령 암살 150주년(2015. 4. 15.)을 맞아
링컨 대통령에 관해 쓴 책을 쌓아 만든 10m 높이의 '책의 탑(A Tower of Books)'.
300여 종 600권의 책으로 구성되어 있다.

시대적 배경
Historical Background

에이브러햄 링컨Abraham Lincoln 1809. 2.12.~1865. 4.15.이 태어나기 317년 전인 1492년, 크리스토퍼 콜럼버스Christopher Columbus가 서인도 제도에 상륙하면서 비로소 아메리카 대륙이 유럽에 알려졌다. 유럽 강국은 16세기에 들어서면서 남아메리카를 시작으로 신대륙에 대한 식민지 확보 및 건설에 경쟁적으로 나섰다.

에스파냐(스페인)는 16세기 말까지 브라질을 제외한 모든 라틴 아메리카를 정복하고 식민지로 삼았다. 이들의 궁극적 목표는 금, 은의 채굴이었다. 에스파냐는 개척한 모든 식민지를 국왕의 직할 지배 아래 두었다.

네덜란드도 서인도 제도, 가이아나에 이어 맨해튼 섬과 허드슨 강변에 뉴네덜란드 식민지를 건설하고, 1621년에는 서인도회사를 설립해 무역 활동을 주도했다.

프랑스는 17세기에 캐나다에 진출해 루이 14세 시대에는 미시시피강 일대에 큰 규모의 루이지애나 식민지를 건설했다. 프랑스의 목적은 당시 유행하던 모피 확보와 가톨릭 포교였다. 프랑스는 이곳을 국왕의 직접 지배하에 두었다.

영국은 1497년 존 캐벗John Cabot이 북아메리카 동쪽 바다인 체서피크만Chesapeake Bay 인근을 탐험하긴 했지만 본격적인 식민활동은 엘리자베스 1세 시대부터였다. 1607년 오늘날의 버지니아주에 최초의 식민지인 제임스타운Jamestown을 건설했다. 1620년 12월 21일에는 종교전쟁의 와중에서 성공회를 지지하는 제임스 1세의 박해를 피하고 종교의 자유와 자신들이 생각하는 이상적인 사회를 건설하기 위해 청교도 102명이 메이플라워호Mayflower를 타고

메이플라워호에 오르기 위해 작은 배에 타고 있는 청교도인들.

대서양을 횡단해 신대륙으로 향했다.

66일간의 힘들고 어려운 항해를 거쳐서 원래 목적지인 현재의 뉴욕시 인근 항로에서 벗어난 케이프코드Cape Cod 인근에 도착한 이들은 그곳에서 겨울을 보내게 되었다. 그해 겨울, 절반 이상이 추위와 괴혈병으로 사망했다. 살아남은 사람들은 천신만고 끝에 신대륙 뉴잉글랜드에 정착하는데, 지금의 매사추세츠주 플리머스Plymouth가 그곳이다. 그들을 일컬어 '필그림 파더

메이플라워 서약
(미국 매사추세츠주립도서관 보관)

스Pilgrim Fathers'라고 부른다. 이들은 신대륙으로 건너오는 배 위에서 다음 내용을 담은《메이플라워 서약Mayflower Compact》을 한다.

✦ 영국왕에게 충성을

✦ 신대륙에 식민지를 건설하고

✦ 자치 사회를 조직하여 질서와 안전을 도모하며

✦ 평등한 법률을 만들어 준수한다

이 서약은 향후 탄생할 미국 민주주의 정치의 기초가 되었다.

이후 영국은 1733년까지 북아메리카의 대서양 연안에 13개의 주를 만들어 식민지로 삼았다.

아메리카 대륙을 놓고 프랑스와 주도권을 다투던 영국은 프랑스와의 전쟁에서 승리하며 1763년 2월 10일 파리조약을 체결했다. 이를 통해 북아메리카 대륙 대부분을 확보했다. 프랑스는 캐나다 5대호 미시시피강 상류 지역을 영국에게 양보했다.

그러나 영국의 아메리카 대륙 식민지 지배는 오래가지 못했다. 영국과 아메리카 식민지 간에 이해충돌이 깊어졌고 급기야는 1775년 북아메리카의 13개 영국령 식민지가 연합해 영국의 여러 가지 차별적 정책에 대항하는 '독립전쟁'을 일으킨 것이다.

그들은 조지 워싱턴을 독립군의 총사령관으로 추대하고 이듬해인 1776년에는 토마스 제퍼슨Thomas Jefferson이 기초한 미국의 '독립선언문The Declaration of independence'을 발표했다.

전쟁 초반에는 영국이 유리했지만 점차 독립군을 지원하는 나라들(프랑스, 스페인, 네덜란드 등)이 늘면서 전쟁 양상은 독립군에게 유리하게 전개되었다. 1783년 영국은 어쩔 수 없이 독립을 승인한다. 이로써 미국은 세계 역사상 유례를 찾을 수 없는, 왕조 국가를 거치지 않는 새로운 자유민주주의 국가로 출범하며 빛나는 역사를 만들어가기 시작했다.

미국은 조지 워싱턴을 초대 대통령으로 선임하고 3대 건국 정신¹을 바탕으로 나라를 이끌어갔다.

새로운 자유민주주의 국가 미국이 출범한 직후인 19세기(1801~1900년)는 제국주의가 팽창하는 시기였다. 산업혁명의 여파로 국력이 강해진 서구의 열강 국가들이 세계 곳곳을 점령하며 식민지로 삼은 것이다.

이러한 서구열강들의 경쟁 속에서 미국이 신생국가로서 걸음마를 시작한 지 33년이 지났을 때 미국 중남부의 궁벽한 켄터키주 산골마을 호젠빌Hodgenville에서 남쪽으로 4.8킬로미터 떨어진 통나무 오두막집의 찢어지게 가난한 개척 농민 부부 사이에 두 번째 아이가 태어났다. 에이브러햄 링컨이었다.

그가 태어날 때의 대통령은 3대 대통령 토머스 제퍼슨이었고, 당시 미국은 각 주의 독립성을 유지한 채 연합하는 다소 엉성한 주연합 체제였다. 이러한 본질적인 결함은 내부적으로 각 주 간의 이해관계가 상충할 때 이를 조정하는 기능이 제대로 작동할 수 없었다. 이런 약점이 훗날 남북전쟁으로 분열의 큰 위기를 맞게 되는 단초가 되었다.

---

1 미국의 3대 건국 정신: 청교도 정신(puritanism), 개척 정신(Frontier sprit), 실용주의 정신(pragmatism)

Kentucky,
Indiana

가난·불행
그리고
독학의 어린 시절

에이브러햄 링컨 탄생지 국립역사공원 입구
Abraham Lincoln Birthplace National Historical Park in Hodgenville

링컨의 생가를 보관하는 기념관
Abraham Lincoln Birthplace National Historical Park in Hodgenville

링컨의 통나무집 생가는 기념관 안에 보관되어 있다.
Abraham Lincoln Birthplace National Historical Park in Hodgenville

탄생과
어린 시절

나의 어린 시절을 회상하면
가끔 슬픔이 찾아온다.
그러나 그 기억 중에는 즐거움도 있었다.
그래서 어린 시절의 기억은
오래 남을 것이다.

- 링컨

켄터키Kentucky주는 미국 중남부에 있는 농업과 목축으로 유명한 지방이다. 원래는 버지니아주의 일부였으나 1792년 분리독립하였다. 이곳의 번화한 도시 루이스빌Louisville을 지나 남쪽으로 달리면 엘리자베스타운Elizabethtown이 나온다. 이 곳에서 한창 외진 숲길을 지나면 링컨 농장길Lincoln farm Rd 왼쪽으로 호젠빌이라는 시골 마을이 나온다.

1808년 12월 엘리자베스타운에서 노동으로 생계를 유지하던 토마스 링컨 부부는 호젠빌 마을의 숲속에 있는 싱킹스프링 농장 Sinking Spring Farm 300에이커(367,252평)를 2백 달러에 사들였다. 농사를 짓기 위해 이곳으로 이사한 것인데, 생활에 꼭 필요한 물이 나오는 샘이 있는 좋은 집터였지만 돌이 많은 토양이라 농사를 짓기에는 불편한 점이 많았다.

한 살 난 어린 딸 사라Sarah Lincoln와 함께 불모지나 다름없는 척박한 토양의 농장에 정착한 부부는 처음에는 사냥꾼들이 임시로 사용하던 통나무집에서 생활했다. 말이 집이지 간신히 비바람을 가릴 정도로 사람이 살기에는 너무나 형편없었던 통나무집은 흙바닥에 창문 하나와 출입문 하나가 겨우 달려 있었다. 그들 가족은 하나뿐인 공간에서 구석에 화덕을 놓고 요리하고 식사하고 잠을 자야 했다.

부부는 그곳에서 1800년대 초 미국 땅에 정착한 개척 농부Pioneer farmer의 전형적인 삶을 살았다. 그 지역에서 농사지은 식량이며 채취한 땔감을 사용하며 자급자족하는 생활을 한 것이다. 이를테면 곡식을 얻기 위해 땅을 개간하고 집을 짓고 난방을 위해 나무를 베고 고기를 먹기 위해 산짐승을 사냥하거나 가축을 기르며 생활했다.

정착한 이듬해인 1809년 2월 12일 새벽, 한겨울의 눈보라가 매섭게 몰아치던 외지고 황량한 숲속의 통나무 오두막집에서 새 생명이 세상에 태어났다. 눈은 바람에 날리어 엉성한 통나무집 틈 사이로 들어와 옥수수 껍질로 채운 나무 침대 위에 사냥해서 잡은 곰의 가죽으로 만든 이불을 덮고 누운 어머니 낸시와 어린 생명의 주위에 꽃잎처럼 날렸다.

이처럼 외지고 옹벽한 산골 오지의 가난과 불편함이 가득한 곳에서 태어난 생명이 훗날 역사에 길이 남는 인물로 기록되리라는 것은 오직 신만이 알았을 것이다.

어머니 낸시 행크스 링컨
Nancy Hanks Lincoln
1784. 2. 5.~1818.10. 5.

이쯤되어 링컨의 부모를 알아보자.

링컨의 어머니 낸시 행크스 링컨Nancy Hanks Lincoln은 1784년 2월 5일 웨스트 버지니아의 햄프셔 카운티에서 가난하고 비천한 신분이었지만 아름답고 학구열이 높은 하녀 신분의 어머니 루시 행크스Lucy Hanks와 그녀의 상전이었던 귀족 출신의 젊은 농장주 헨리 스패로우Henry Sparrow 사이에서 태어난 사생아였다. 어린 낸시는 그런 신분의 제약으로 부모와 함께 생활하지 못하고 어머니 친척 집에 맡겨져 자랐기에 학교 교육은 전혀 받지 못했다. 그녀는 어려운 환경에서 살아가다가 스물두 살 때 자신과 처지가 비슷한 토마스 링컨Thomas Lincoln과 결혼식을 올렸다. 1806년 6월 12일이었다.

그녀는 비록 학교 교육을 받지 못한 문맹이었지만 기억력이 뛰어나서 자신의 어린 남매에게 성경 이야기를 들려주었다. 또한 대단한 정신력의 소유자로, 환경에 순응하며 대충 살아가는 남편과는 달리 링컨 남매에게 그녀가 할 수 있는 모든 노력을 기울였다.

훗날 링컨은 9살에 세상을 떠난 어머니를 추모하며 "저의 모든 것은 '천사 어머니Angel mother' 덕분"이라고 말했다.

아내보다 6년 연상으로 1778년 버지니아주 록킹햄에서 태어난 아버지 토마스 링컨Thomas Lincoln은 어린 나이에 가족과 함께 켄터키로 왔다. 여섯살 어린 소년이었을 때 토마스는 자신의 아버지 에이브러햄 링컨이 농장에서 일하다가 인디언의 습격으로 죽는 것을 지켜봐야 했다. 토마스는 어려서 아버지를 잃은 탓에 제대로 보살핌도 받지 못한 채 고생하며 살았다. 그러니 교육인들 제대로 받았을 리 없었다. 겨우 자기

아버지 토마스 링컨
Thomas Lincoln
1778. 1. 6.~1851. 1. 17.

이름 정도를 서툴게 쓸 줄 아는 사람으로 평생을 지냈고 스스로 배우고자 하는 의지도 없었다.

링컨의 회상대로라면 링컨의 아버지는 어린 시절 '방황하고 노동하는 소년'으로 성장했다. 그러나 그는 직접 가구나 신발을 만들어 팔 정도로 손재주가 뛰어난 사람이었고, 동시에 유능한 사냥꾼이었다. 그는 이 일 저 일을 하며 지내다가 낸시를 만나 가정을 꾸리면서 이곳에 정착하게 되었다.

자기 이름도 제대로 쓰지 못할 정도로 무식한 아버지였지만 한가지 뛰어나게 기억력은 특출했다. 그는 남의 흉내를 잘 냈고 다른이와 나눈 대화나 들은 이야기를 거의 완벽하게 외우고 재현했다. 링컨은 이런 아버지의 재능을 그대로 물려받아 어린 시절부터 '이야기꾼'으로 소문이 났다.

토마스 링컨은 한때는 켄터키에서 부유한 편이었으나 무식한 탓에 토지소유권 분쟁에 휘말려 재산을 잃고 가난해졌다. 링컨이 태

링컨의 가족(아버지, 어머니, 누이 사라, 품에 안겨있는 링컨)
Lincoln Boyhood National Memorial Park in indiana

어났을 때 무슨 생각인지 토마스는 갓 태어난 어린 생명인 아들에
게 안타깝게 사망한 자신의 아버지 에이브러햄 링컨Abraham Lincoln
의 이름을 물려주었다.

링컨의 선조는 처음엔 매사추세츠에 정착했는데 그 가족들은 한
곳에 정착하지 못하고 이곳저곳을 떠다니며 생활하다가 켄터키에
서 7대째 후손인 링컨이 태어난 것이다. 링컨이 3살 되던 해 태어
난 남동생 토마스는 유아기에 사망하여 링컨은 두 살 위 누나 사라
와 함께 의지하며 힘들고 어려운 어린 시절을 보냈다.

몇 년 후 이 가난한 가족은 토지소유권 문제로 인한 소송에 휘말
렸는데, 법률에 무지한 토마스 링컨은 또 재판에 패소하며 농장을

인디애나에 거주했던 링컨 가족의 집터
Lincoln Boyhood National Memorial Park in indiana

잃게 되었다. 어쩔 수 없이 링컨 가족은 더욱 외진 곳으로 삶의 터전을 옮겨야 했다. 그곳에서 멀리 떨어진 인디애나주 스펜서 카운티에 있는 노브크리크 농장Knob Creek Farm을 임대한 링컨 가족은 1816년 12월, 10여 일의 힘든 여정을 거쳐 이주했다. 이때 링컨의 나이 일곱 살이었다. 그곳도 훗날 링컨의 회상처럼 '울창한 숲속의 한가운데'였다.

링컨 가족이 이주한 곳은 인적 드문 야생의 숲속으로, 길도 나 있지 않아 어디든 가려면 사방을 울타리처럼 둘러싼 나무와 덩굴을 헤치고 나가야만 했다. 더구나 그들이 이주한 1816년부터 1817년 사이의 겨울은 미국 역사상 가장 혹독한 추위가 몰려왔다. 이러한

링컨이 어린 시절을 보낸 인디애나주 기념관에 위치한 주변 숲길
Lincoln Boyhood National Memorial Park in indiana

열악한 환경에서 가족은 14년을 살았다. 링컨 가족은 야생과 다를 바 없는 방법으로 추위를 이겨냈고 먹을 것을 구하기 위해 짐승을 사냥하거나 과일을 채취하며 목숨을 연명해나갔다.

링컨은 7살부터 아버지 일을 도왔는데 훗날 링컨의 건강과 담대함은 이 시절이 준 선물이었다. 숲속에 있는 많은 동물은 두려움을 넘어 어린 그의 호기심을 자극했고, 링컨은 숲속을 운동장처럼 뛰어다니며 자연스럽게 튼튼한 체력을 갖게 되었다.

이처럼 링컨이 어린 시절을 자연 속에서 보낸 것이 불편함과 어려움만 준 것은 아니었다. 산과 숲, 시냇물 그리고 그 속에서 함께한 모든 생명은 링컨의 내면에 순수함과 질박함을 심어주었다.

온갖 들짐승을 잡고 그것들을 따라다니면서도 아버지가 사냥할 때 사용하는 총은 그의 관심 밖이었다. 어느 날 아버지가 쏜 총에 칠면조 가족의 어미가 쓰러지자 새끼들이 어쩔 줄 몰라 당황해하며 우르르 흩어지는 모습을 본 후부터는 더욱 굳어졌다. 링컨은 평생 살상을 목적으로 총의 방아쇠를 당겨본 일이 없었다. 그의 이런 신조로 인하여 남북전쟁 중에도 링컨은 몸에 총을 휴대하고 다니지 않았다.

어머니의 죽음

슬픔은 모두에게 찾아옵니다.
그 슬픔은 젊은이들에게
가장 큰 고통을 안겨줍니다.
왜냐하면 그들은 슬픔이 찾아올 줄
모르기 때문입니다.

- 링컨

링컨이 인디애나의 숲속에서 소년시절을 보내면서 겪은 온갖 고난 중에서도 가장 큰 슬픔은 어머니의 죽음이었다.

1818년 가을, 링컨 가족이 살고 있는 인디애나주의 버크혼 Buckhorn 계곡 일대에 우유병[2]이 만연했다. 어머니 낸시는 동정심이 많고 친절한 성품이라 이웃의 우유병 환자를 돌보기 위해 갔다가 순식간에 전염되었다.

낸시는 집에 돌아오자마자 쓰러져 사경을 헤맸다. 손발은 차가워지고 속은 불이 난 것처럼 펄펄 끓어 연신 물을 찾았다. 며칠 동안

---

2 우유병 Milk Sickness : 오랜 기간 사람들을 공포에 떨게 만든 괴질.
20세기 초에 그 원인이 밝혀졌는데 '서양등골나물'이라는 독초를 먹은
가축의 우유를 통하여 사람에게 그 독성분이 전달되어 사망에 이르게
된다. 오늘날까지도 이 독초에 대한 주의를 경고하고 있다.

〈서양등골나물〉

링컨 어머니의 장례식

링컨 어머니의 무덤 Nancy Hanks Lincoln, 1784~1818
Lincoln Boyhood National Memorial Park in indiana

아내 곁에서 간호하던 남편 토마스는 아내가 일어나지 못하고 죽을 것이라 예감하고 희망을 접었다. 가족들은 사는 곳이 워낙 외지고 궁벽한 곳이라 병원이나 의사의 도움을 받을 수 있는 처지가 못되어 그저 환자가 스스로 일어나기만 바랄 뿐이었다.

제대로 치료도 받지 못하고 병상에 누워있다가 병세가 갈수록 악화되자 죽음을 예감한 어머니는 세상에 남겨두고 떠날 일이 걱정되어 불쌍한 어린 링컨 남매를 불러 유언을 남겼다.

"서로 사이좋게 지내고 착하게 살며 하나님을 섬겨라."

1818년 10월 5일 병이 난 지 17일째 되는 날 어머니는 한창 젊은 34살 나이에 사랑하는 어린 링컨 남매를 남겨두고 눈을 감았다.

링컨의 나이 불과 아홉 살에 닥친 슬픔이었다. 어린 나이에 어머니를 잃은 커다란 슬픔과 불행은 훗날 그에게 닥친 많은 슬픈 사연과 더불어 죽는 날까지 그를 우울증에 시달리게 만들었다.

어머니가 떠난 후부터 집안일은 전적으로 남매 몫이었다.

누나 사라가 음식을 준비하는 동안 링컨은 1마일(약 1.6km) 떨어진 우물에 가서 물을 길어왔다. 변변한 그릇이나 나이프, 포크가 없어 손으로 음식을 먹는 게 일상이었다. 물도 귀하고 비누도 없기 때문에 가족들은 제대로 씻지 못하고 짐승처럼 살아야 했다. 어머니

링컨 가족이 인디애나 거주 당시 사용했던 우물
Lincoln Boyhood National Memorial Park in indiana

없는 집안은 그야말로 딱하기 짝이 없게 되었다. 잠자리도 불결해졌고 햇볕도 들지 않아 집안은 늘 춥고 눅눅했다.

짐승 사육공간처럼 열악한 곳에서 일 년을 보내자 아버지는 더이상 참지 못하고 여자를 구해 재혼할 생각으로 고향인 켄터키를 찾아갔다.

토마스는 예전에 과거 소꿉친구였던 사라 부시Sarah Bush 1788.12.13 ~1869. 4.12.에게 청혼했다가 거절당하여 낸시와 결혼했었다. 사라는 그 후 다른 남자와 결혼했는데 남편이 일찍 사망하자 여자 몸으로 세 아이와 함께 어렵게 살고 있었다.

그 소식을 들은 토마스는 사라에게 함께 살 것을 제안했고 어려운 형편의 사라는 청혼을 받아들였다. 남자는 어린 남매를 양육해야 했고 여자는 생활고에서 벗어나야 했다. 서로에게 절박하게 필요한 결혼이었기에 두 사람은 서둘러 1819년 12월 2일 결혼식을 올렸다.

그리고 사라는 전 남편과의 사이에서 낳은 세 아이(엘리자베스, 존, 마틸다)와 함께 남편 토마스를 따라 링컨 남매가 기다리는 인디애나의 오두막집으로 이사왔다.

훗날 사라는 이렇게 회고했다.

"토마스와 함께 집에 가보니 누더기 옷을 걸치고 지저분하게 방치된 채 동물처럼 사는 아이들이 있었다. 그래서 비누로 깨끗이 씻기고 제대로 옷을 입히고 나서야 아이들이 조금은 '사람답게' 보였다."

어머니가 떠난 공간에 새어머니가 들어오면서 링컨의 인생은 새로운 변화를 맞이하게 되었다.

새어머니 사라는 숲속에서 야생동물처럼 살아가던 링컨의 운명을 다른 세상으로 인도하는 놀라운 역할을 해냈다.

친어머니 낸시가 문맹이었지만 뛰어난 기억력으로 글이 아닌 말로 사랑을 담아 성경 내용을 전해주고 착하게 성장하도록 정성을 다했다면 새어머니 사라는 링컨이 공부할 수 있도록 갖은 노력과 배려를 아끼지 않았다.

그는 흔히 생각하는 나쁜 새어머니가 아니었다. 함께 생활하며 오래지 않아 새어머니 사라는 링컨이 '보기 드문 재능'이 있음을 본능적으로 알아보고 자식에게 농사와 노동의 길을 강요하는 남편을 설득하고 달래어 링컨이 학교에 다니고 책을 읽을 수 있도록 격려하고 보살폈다. 이런 고마움을 마음속 깊이 간직한 링컨은 훗날 사라를 '천사 엄마'로 불렀고 그녀는 자신이 애지중지 정성을 기울였던 링컨이 훗날 대통령이 되는 영광의 순간을 지켜보았다.

그는 훗날 링컨과 지낸 시절을 이렇게 회상했다.

"그는 내가 본 최고의 소년이었습니다."

"저는 평생 그에게 욕을 한 번도 한 적이 없습니다. 그의 마음과 제 마음은 같은 공간에서 함께 움직이는 것 같았어요."

그러나 아버지 토마스는 링컨이 책을 읽고 글을 쓰는 것을 시간만 축내는, 쓸모없는 짓이라고 생각했다. 차라리 독학을 하는 시간에 집안일을 돕거나 농장에서 일해서 품삯을 받아오길 바랐다. 그래서 강제적으로 아들의 의지를 꺾어보고자 애를 썼다.

아들의 배움을 향한 마음을 무조건 반대하던 토마스가 고집을 꺾은 일화가 있다. 사기꾼 부동산 업자가 토마스가 문맹인 것을 악용해 땅 일부만 파는 내용을 전부 파는 것으로 서류를 조작해 계약하고자 했다. 토마스는 혹시나 하는 마음으로 아들 링컨에게 계약서를 살펴보게 했다.

링컨이 계약서를 꼼꼼하게 본 후 말했다. "아버지 이 내용대로라면 우리는 땅을 몽땅 뺏기겠는데요?" 이 말을 듣고 속은 것을 알게 된 토마스는 사기꾼을 내쫓고 링컨이 공부하는 것을 일정 부분 허락하게 되었다.

배움의 시작

인디애나는 링컨이 어린아이에서 청년으로 성장한 곳이다. 그의 표현대로 '곰과 야생동물이 많고 숲이 우거진 야생지역'에서 링컨은 몸과 마음이 성장했다. 링컨은 새어머니 사라의 격려와 도움을 바탕으로 스스로 공부하면서 철자를 깨우치고 책도 더듬더듬 읽을 정도가 되었다.

1824년 가을, 링컨이 15살 되던 해 산골 오지를 다니며 학생들을 가르치던 선생 한 분이 링컨의 집에서 4마일(약 6.4km) 정도 떨어진 이웃 마을인 피전크리크Pigeon Creek에 'blab school[3]'이라는 임시학교를 세웠다. 사라는 링컨 남매를 학교에 보낼 결심을 하고 반대하는 남편을 달래고 설득했다.

남매는 길도 없는 숲을 헤치며 학교에 다녔다. 링컨은 변변한 옷

---

3 blab school : 외딴 시골 지역에 있는 어린이 초등학교.

인디애나주에 위치한 링컨 소년시절 기념관
Lincoln Boyhood Memorial Park in indiana

이 없어 아버지가 사냥으로 잡은 다람쥐 가죽 모자에 키 큰 링컨에게는 너무나 짧은 사슴 가죽 바지를 입어 사람들의 비웃음과 조롱거리가 되었지만 아랑곳하지 않고 학교를 열심히 다녔다. 성경으로 읽기 공부를 하고 워싱턴과 제퍼슨의 글씨를 모범으로 삼아 쓰기 공부를 했다.

학교에서는 읽기, 말하기, 쓰기를 가르쳤다. 특히 선생님은 큰소리로 책을 읽도록 권장했는데 이때의 습관으로 링컨은 평생 동안 책을 소리 내어 읽었다. 날이 갈수록 그의 발음은 명료하고 필체는 깔끔해졌다.

그 당시 함께 학교에 다닌 나다니엘과 그릭스비는 링컨의 학창 시절을 이렇게 회상했다.

"그는 항상 일찍 학교에 나와서 공부에서도 우리를 앞서 나갔습니다. 그는 집에서 시간을 낭비하지 않았고, 일하지 않을 때는 책에 몰두했습니다. 일요일에도 공부를 계속했고, 노동을 마치고 쉬는 동안에도 책을 읽을 수 있도록 책을 가지고 다녔습니다."

"링컨은 쉽게 이해하고 오래 기억할 수 있었으며, 무엇이든 배우려고 노력했습니다."

링컨은 하루하루 배우는 즐거움을 깨쳐가며 그래서 더욱 노력하는 선순환 과정을 반복해갔다. 그러면서 서서히 이전과는 다른 사람으로 변화되기 시작했다.

학교를 마치면 공부할 내용을 집으로 가져왔다. 종이는 비싸고 구하기도 힘들어 처음부터 숯 막대기를 사용해 여기저기 널빤지에 글을 썼다. 수학 문제도 그렇게 풀었다. 널빤지가 글씨나 숫자로 가득 차면 칼로 얇게 깎아내고 다시 사용했다.

학교에 다닌 시간은 일 년도 채 안 되는 짧은 기간이었지만 링컨은 이러한 노력을 한 번도 그치거나 포기한 적이 없었다. 겨울에 불어오는 혹독한 찬바람에도 그는 뜨거운 감자를 손에 쥐고 언 손을 녹여가며 글쓰기를 계속했다.

정규 학교도 아닌 짧은 임시 학교 과정을 마친 후에도 링컨은 끊임없이 독학을 거듭했고, 그렇게 쌓인 역량은 서서히 빛을 발하기 시작했다. 특히 글쓰기와 발표 능력은 주변에서 놀랄 정도로 뛰어났다. 그가 쓴 글은 사람들의 주목을 받았고 심지어 몇 개는 신문에 실리기도 했다.

새어머니 사라는 결혼하면서 자신이 가지고 있던 많은 가재도구를 인디애나 오두막집으로 가져왔다. 그 중에서 링컨에게 정작 중요한 보물은 따로 있었다. 책이었다.

사라는《성경》을 비롯해 이솝Aesop's의《이솝우화》, 다니엘 디포우Daniel Defoe의《로빈슨 크루소》, 존 버니언John Bunyan의《천로역

링컨 가족의 성경책
Lincoln Boyhood Memorial Park in indiana

정》등 몇 권의 책을 짐 속에 담아 왔다. 링컨은 이 보물 같은 책들
을 읽고 또 읽었다.

특히《성경》과《이솝우화》는 늘 가까이 두고 틈나면 펼쳐 들었
다. 이 두 권의 책은 훗날 링컨의 연설문과 대화 방식, 편지, 설득하
는 방법에 지대한 영향을 끼쳤다. 성경에 관한 링컨의 다음 글은 우
리에게 울림을 준다.

"이 위대한 책과 관련하여 나는 이것이 신이 인간에게 준 최고의
선물이라고 말할 수밖에 없다."

이 책들을 수십번 읽고 쓰며 오롯이 자신의 것으로 만들고 나서 링컨의 독서 욕구는 더욱 불타올랐다.

목마른 사람이 물을 찾듯 독서 열기에 빠진 링컨은 이곳저곳 책을 찾아다녔다. 돈이 없어 책을 살 수 없었던 그가 할 수 있는 유일한 길은 빌려보는 것 뿐이었다. 빌려와서 읽고 또 읽었다. 빌려온 책 중에서 좋은 책은 종이에 그대로 베낀 다음 실로 묶어 자신만의 책으로 만들기도 했다. 빌릴 수 없으면 그 자리에서 시간 가는 줄 모르고 읽었다.

그는 배우고자 하는 열망을 어려운 환경에 꺾이지 않고 혼자 힘으로 채워갔다. 오로지 책이 그의 학교이자 선생이었다. 인쇄된 책속의 글자는 그에게 위대한 선현들의 가르침을 전달했다.

소년에서 청년으로 가는 세월 동안 링컨은 책을 통해 수많은 지식과 역사, 위인, 문학을 탐구하면서 가난과 불행이 가득한 현실을 딛고 올라서서 자신이 걸어가고 싶은 더 크고 새로운 세상을 바라보게 되었다.

독학만이 아니었다. 열여섯 살이 되었을 때는 이미 키가 190센티미터로 커지고 힘도 장사여서 그 일대에서 "도끼질을 가장 잘하는 청년"으로 불렸다.

베어내야 할 커다란 나무가 있을 때면 당연하게 링컨이 불려갔다. 훗날 '나무꾼 출신 대통령 후보'라는 칭호도 이 시절의 결과였다. 집을 나가 홀로서기를 시작하던 스물한 살이 될 때까지 링컨은 남의 일을 도와주고 번 돈을 아버지에게 드리는 한편 틈을 내서 책 읽기에 매달렸다.

아버지는 링컨을 자신의 직업인 목수로 키우고자 목수 일도 가르쳤으나 링컨은 아버지가 걸어왔던 길이 아닌 자신이 원하는 인생의 길을 택했다. 그를 이렇게 만든 것은 쉼 없는 배움에의 갈망과 일생을 일관한 독서의 결과였다. 링컨에 관해 널리 알려진 책에 관한 에피소드도 이 즈음의 이야기다.

한번은 부유한 농장주 조시아 크로포드Josiah Crawford 씨에게 책 두어 권을 빌려왔다. 그중 한 권이 파슨 윔스Parson Weems의 《조지 워싱턴의 생애The life of George Washington》였다. 미국 건국의 아버지이자 초대 대통령인 조지 워싱턴의 삶에 흠뻑 빠진 링컨은 늦은 밤까지 읽다가 다음 날 다시 보기 위해 통나무 벽 사이에 끼워두었다. 그런데 그날 밤 비가 들이닥쳤다. 비에 흠뻑 젖은 책 때문에 고민하던 링컨은 크로포드 씨에게 찾아가 설명하고 사과했다. 그리고 돈이 없으니 책값 대신 농장 일을 도와드리겠다며 자원해서 꼬박 이틀 동안 농장의 옥수수 따는 일을 했다. 물론 그 대가로 받은 젖은 책은 링컨이 아끼는 보물이 되었다.

이 즈음 그가 빌려 읽은 책 중에서 윌리엄 스콧William Scott의 《웅변술 교과서Lessons in Elocution》는 훗날 정치를 하면서 많은 실질적인 도움을 주었다. 이 책을 통해 링컨은 연설의 개념과 방법을 알게 되었고 역사적인 명연설문을 접하면서 새로운 단계로 나아가게 되었다. 그는 책을 펼쳐들고 숲속을 이리저리 거닐며 나무를 청중으로 삼아 책 속의 연설문을 거듭거듭 암송했다.

그것만이 아니었다. 책을 읽다가 가슴에 남는 좋은 구절은 독수리 깃털 펜과 까만 열매즙을 짜서 만든 자신만의 잉크를 사용해 적고 또 적었다. 그리고 중요한 내용을 기록한 노트를 눈을 감고도 말할 수 있을 정도로 외우고 읽었다.

일하러 갈 때도 항상 책을 가지고 다니며 쉬는 시간에는 밭이랑이든 나무 밑이든 어디라도 앉아서 책을 읽었다. 책 읽기가 숨쉬기처럼 자연적인 습관이 되었다. 그것 뿐이 아니었다.

재판이 열리는 날에는 변호사들의 변론을 듣기 위해 15마일(약 24km)을 걸어서 읍내로 나가기도 했다.

링컨을 일꾼으로 고용한 몇몇 사람들은 책에 빠진 링컨의 이러한 태도를 이해하거나 격려하기보다는 오해하거나 비난했다. 심지어는 일을 제대로 하지 않는다고 불평했다. 이런 사실을 알게 된 아버지 토마스는 링컨에게 책 읽기를 그만두라고 야단쳤다. 그러나 링컨은 아랑곳하지 않고 책을 읽고 사람들 앞에서 연설도 하며 자신을 연마했다.

이에 격분한 토마스가 사람들이 지켜보는 가운데 아들의 얼굴을 주먹으로 때리는 일이 벌어졌다. 쓰러진 링컨은 눈물을 흘리며 아무 말 없이 일어섰다. 이 일을 계기로 링컨 부자의 관계는 더욱 멀어졌다. 일을 시키고자 하는 아버지와 공부를 하고자 하는 아들 간의 갈등은 피할 수가 없었다.

어렵게 독학의 길을 걸어가면서도 링컨의 생명을 사랑하고 존중하는 마음은 어린 시절부터 자리잡았다. 1830년 '우유병' 괴질이 다시 창궐하자 링컨 가족은 괴질을 피해 일리노이Illinois 주의 생거먼Sangamon 계곡으로 이주했다. 2주 동안의 머나먼 여정에서 훗날 링컨이 술회한 다음 대목은 동물에게도 베푸는 링컨의 인정과 사랑의 진심을 알게 해준다.

'아직 겨울 서리가 완전히 자리 잡을 때가 아니라서 낮에는 땅이 살짝 녹았다가 밤이면 다시 얼어붙곤 했지. 길을 가는 게 무척 힘들고 느릴 수밖에 없었다네. 더구나 소가 끄는 마차라 더욱 힘들었지. 다리가 있을 리가 없던 때라 개울을 만나면 돌아가거나 그러지 못하면 얕은 여울을 찾아서 마차에 타고 건너야 했다네. 여행 초반에는 개울에도 얼음이 그다지 두껍게 얼지 않아 소들이 걸음을 옮길 때마다 얼음이 우지직거리며 깨졌다네.

일행 가운데는 개도 한 마리 있었는데, 늘 총총걸음으로 마차를 따라왔었네. 그런데 어느 날 일행이 개울을 건넜는데 이 녀석이 보이지 않는 거야. 그래서 돌아보니까 이 조그마한 녀석이 미처 따라오

청년 링컨이 잘 만들기로 유명했던 가로 울타리 (인디애나주 링컨 소년 기념관)

지 못하고 개울 건너편에서 애처롭게 짖으며 이리저리 뛰고 있지 않
겠나. 얼음이 깨지며 물이 그 위로 넘쳐흐르니까 이 불쌍한 녀석이
건널 엄두를 내지 못하고 있던 거지.

개 한 마리 구하겠다고 마차를 돌려서 다시 개울을 건너는 건 아
무리 생각해도 무리였지. 앞으로 갈 길이 멀다는 생각에 다들 개를
떼어놓고 가기로 결정했어. 하지만 나는 아무리 개라고 해도 버리
고 간다는 게 견딜 수가 없었다네. 신발과 양말을 벗고 개울을 건너
갔지. 그리고 바들바들 떠는 그 개를 품에 안고 뿌듯한 마음으로 돌
아왔네. 폴짝폴짝 뛰면서 기쁘고 고맙다는 표시를 하는 개를 보니
약간 고생은 했지만 충분히 보상을 받았다는 생각이 들었다네.'

링컨 가족은 생거면 강이 내려다보이는 삼림지대인 일리노이주의 디케이터Decatur 근처에 정착했다.

이제 청년이 된 링컨이 하는 일은 어른 몫의 일, 이를테면 밭을 갈거나 건초를 보관하고 나무를 잘라내고 적당한 크기로 쪼개는 일들이었다. 특히 나무를 쪼개서 가로 울타리를 세우는 일은 따라올 사람이 없을 정도로 능숙했다.

그러나 시골에서 농사일과 돈을 벌기 위해 다른 일을 하며 살면서도 그의 눈과 마음은 큰 세상을 향하고 있었다. 링컨은 미시시피 Mississippi 강을 오르내리는 작은 화물선에서 잠시 동안 일하며 더 큰 세상을 동경했다.

청년 링컨도 이제는 다른 청년들처럼 아버지와 가족 곁을 떠날 때가 되었다. 게다가 하나뿐인 누이 사라가 결혼 1년 만에 아기를 낳다가 사망해 링컨의 가슴에 깊은 상처를 남겼다. 누이의 나이 불과 21살이었다. 어머니에 이어 하나 밖에 없는 혈육인 누나의 죽음으로 세상에서 가장 외로운 사람이 된 링컨은 슬픔을 딛고 이곳을 떠나 더 큰 세상으로 가고 싶었다.

떠나기로 결심한 링컨은 이복형제들과 함께 나무를 베어 제재소로 가져가 바닥을 넓게 펼쳐서 짐을 운반하기 좋은 너벅선(船)을 만든 다음 거기에 베이컨, 옥수수, 돼지를 싣고 미시시피강을 따라 내려갔다. 이때 링컨은 처음으로 뉴올리언스New Orleans에서 잔혹한 노예제도의 실상을 직접 보고 충격을 받았다.

그가 자란 곳과는 달리 남부지방은 노예제도가 오랜 세월에 걸쳐 시행되어 일상화된 사회였다. '쇠사슬에 묶인 채 채찍질과 괴롭힘을 당하는 흑인들'을 보면서 충격을 받은 링컨의 가슴에 하늘로부터 받은 잠재된 양심이 발현되었다.

어느 날 아침 이들 세 명은 도시를 이리저리 둘러보다 노예 경매 현장을 지나게 되었다. 튼튼하고 아리따운 흑인 혼혈 소녀를 매매하고 있었다. 입찰자들은 그녀를 구석구석 검사했다. 그들은 소녀의 살을 꼬집어보기도 하고 경매장 안을 마치 말처럼 이리저리 달리게도 했다. 제대로 움직이는지, 경매인의 표현을 빌자면 구매 대상으로 나온 품목이 제대로 된 물건인지 아닌지 '입찰자들이 확인할 수 있도록' 하기 위해서였다.

그 광경이 너무나 역겨웠던 링컨은 '견딜 수 없는 분노'가 가슴 깊은 곳에서 솟구치는 걸 느끼며 그 자리를 벗어났다.

동료들에게 가자고 재촉하면서 링컨은 이렇게 말했다.

"세상에, 얼른 여기를 벗어나는 게 좋겠네.

혹시라도 내게 기회가 온다면, 내 반드시 저런 걸 금지시키겠네."

Indiana,
Illinois

홀로서기

더 큰
세상으로

청년 링컨의 키는 당시로서는 아주 큰 편이어서 다른 사람들 눈에
쉽게 띄었고 어린 시절부터 숲속에서 생활하며 단련된 신체는 그를
강하고 억센 청년으로 만들었다.

 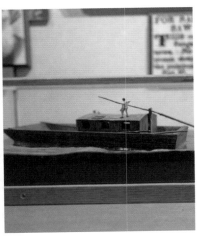

뉴세일럼 링컨 기념관에 전시된 플랫보트(너벅선, 너비가 넓은 화물운반용 배) Flatboat
Lincoln's New Salem State Historic Site

링컨이 종업원으로 일하던 덴턴 오퍼트 가게 외부(위) 내부(아래)
Lincoln's New Salem State Historic Site

이러한 신체적 강점은 열아홉 살 때부터 화물을 싣고 미시시피 강을 오르내리는 플랫보트Flatboat(너벅선)에서 일하던 시절 정박한 배에 칼과 몽둥이로 무장한 한 무리의 흑인 강도들이 침입했을 때 발휘되었다. 그들은 링컨을 비롯한 선원들을 죽이고 시체를 강물에 버린 다음 배를 빼앗아 화물을 가져갈 계획이었다.

러프 청바지를 입고 상의는 흰색과 파란색으로 된 히코리 셔츠와 줄무늬 면으로 만든 버커칩 모자 차림의 링컨은 이 도적 무리를 힘과 용기로 깨끗하게 내쫓았다. 이때 흑인 한 명이 휘두른 칼에 맞아 오른쪽 눈 위에 흉터가 생겼는데 이는 죽을 때까지 남았다.

혼자 도적 무리를 물리친 링컨의 무용담은 배 주인인 덴턴 오퍼트Denton Offutt로 하여금 함께 일하도록 권유하게 만들었고 링컨은 배에서 내려 생거먼강Sangamon River 강가에 있는 마을 뉴세일럼New Salem에 있는 덴턴 오퍼트 가게에서 점원으로 일하게 되었다. 이렇게 해서 1831년 여름 22살의 링컨은 뉴올리언스에서 뉴세일럼으로 이주했다.[4]

그는 뉴세일럼에서 6년 동안 많은 사람과 교류하며 폭넓은 인간 관계를 구축하며 더 큰 세상과 자신의 희망을 바라보게 되었다. 그

---

4 당시 뉴세일럼은 생거먼 강가에 위치한 약 30세대 가족의 정착지였다. 링컨은 이곳에서 우체국장, 측량사 그리고 가게 주인의 역할을 하면서 한층 더 자립과 독학의 열정을 키워나갔다.

잭 암스트롱과의 승부

시절 잡화점에서 일할 때 마을에서 거들먹거리던 건달패들과 승부를 겨룬 사건은 그를 유명하게 만들었고 프로레슬링 선수로 활약하는 계기를 만들었다.

링컨은 그의 큰 키와 재빠른 몸놀림으로 달리기, 높이뛰기, 던지기에서 그들 건달 무리를 너끈하게 이겼고 마지막 완력 싸움에서는 그들의 우두머리 잭 암스트롱Jack Armstrong마저 때려 눕혔다.[5] 이

---

5 잘 연상이 되지 않겠지만 링컨은 큰 키(193cm)와 어린 시절부터 노동으로 단련된 근육
질 몸매에 기술까지 다양하게 익혀 20대 시절(1830년경) 일리노이주에서 프로레슬러
로 활동한 경력이 있다. 그는 301번의 시합 중 단 한 번의 패배만 기록할 정도로 압도적
으로 우세한 일리노이주 프로레슬링 챔피언이었다. 이러한 링컨의 기록을 확인 검토
한 미국레슬링협회에서는 1992년 미국 레슬링 명예의 전당에 링컨의 이름을 올렸다.

승부를 계기로 '클레리 숲의 남자들'로 불렸던 건달들과 가까워져 훗날 여러 차례 그들의 도움을 받기도 했고 변호사로 활동할 때에는 암스트롱의 아들이 살인죄의 누명을 쓰고 재판을 받을 때 목숨을 구해주는 인연으로 이어졌다.

그것뿐이 아니었다. 링컨은 상점을 운영하며 찾아오는 손님들의 마음을 사로잡았다. 정직하고 예의 바르며 늘 밝은 유머를 말하고 심지어는 글을 모르는 이들을 위해 편지를 대필해주는 링컨을 모든 이들이 좋아하고 의지하는 것은 당연한 일이었다.

가게를 운영하면서도 틈만 나면 다리를 쭉 펴서 약간 누운 자세로 소리 내어 책을 읽는 습관은 여전했다. 그의 손에서 책이 떠날 날이 없었다. 링컨의 배우고자 하는 노력은 본인의 내일에 대한 꿈이 커질수록 더욱 불타올랐다. 훗날 뉴세일럼의 이웃들은 링컨에 대한 기억의 대부분을 '늘 책 읽는 청년'으로 술회했다. 그의 젊은 시절 이와 같은 모든 방면에 걸친 폭넓은 독서는 훗날 대통령의 직무를 수행하는 데 가장 큰 경쟁력이 되었다.

자칫 젊은 시절 방종과 타락으로 빠져들 위험도 있었지만 링컨은 철저하게 자신을 관리했다. 그는 담배를 피우지 않았고 술도 마시지 않았다. 힘이 있다며 완력을 행사하고 남과 싸우는 일은 절대로 없었다. 손님이 없을 때면 늘 큰소리로 책을 읽었다. 그뿐이 아니었다. 그는 정직한 사람이었다. 오늘날에도 추앙받는 링컨의 정

링컨이 청년 시절을 보낸 당시의 뉴세일럼을 그대로 재현, 복원해 낸 사적지
Lincoln's New Salem State Historic Site

직함에 관해 다음과 같은 일화가 있다.

어느 날 저녁, 그날 물건 판 돈을 계산하는데 몇 번을 확인해도 10센트가 남았다. 한참을 생각한 끝에 앤디 할머니에게 덜 드린 것을 알아낸 그는 한밤중에 4킬로미터나 떨어진 앤디 할머니 댁으로 달려갔다. 10센트를 돌려주려고 한밤중에 달려온 링컨을 보고 앤디 할머니나 주위 사람들은 감동과 놀라움으로 링컨을 바라보았다. 이 시절에 링컨의 평생 애칭인 '정직한 에이브Honest Abe'가 생겨났다.

이렇게 정직과 성실을 바탕으로 주위 사람들과 격의 없는 관계를 형성하는 친화력이 링컨의 커다란 자산이 되었고, 젊은 시절 사람들과 쌓아놓은 좋은 평가와 인간관계는 무형의 재산이 되어 그가 성장해갈수록 더욱 큰 힘을 발휘했다. 시간이 흐를수록 주변의 사람들은 그가 자신들을 위해 많은 역할을 맡기를 요청했다. 뉴세일럼의 동네 우체국장이 된 것이나 측량기사의 자격으로 그 지역 조사관으로 선임된 것도 모두 이러한 결과였다.

링컨은 더 나아가서 뉴세일럼 지역의 문학모임에도 참여하여 주도적 역할을 하게 된다. 틈나는 대로 쓴 시를 발표하고 다양한 주제에 대한 토론과 발표를 했다. 이런 과정을 통해 대중 앞에서 두려움을 이기고 자신감 있게 연설하는 역량도 키워나갔다. 특히 그는 같은 주제로 연설을 해도 다른 사람들보다 청중을 설득하고 공감을 일으키는 능력이 특출함을 자각하면서 더욱 자신감과 용기를 갖게 되었다.

또한 링컨은 언어가 빚어내는 무궁한 느낌을 표현하기 위해 윌리엄 셰익스피어William Shakespeare의 《햄릿Hamlet》과 《맥베스Macbeth》 같은 작품과 스코틀랜드의 시인 로버트 번스Robert Burns의 시를 애송했다.

그가 이렇게 혼자의 힘으로 온전한 인격체로 성장해 나가면서 사람들은 젊은 링컨이 가진 지도자의 품성과 리더의 자질을 알게 되었다. 자연스럽게 그들은 자신들을 위해 링컨이 일리노이 주의회 의원으로 활동하기를 바랐다.

주변 사람들의 권유와 지지에 용기를 낸 링컨은 그들의 대표가 되어 지역사회에 봉사하기로 결심하고 1832년 3월 일리노이주 하원

의원 선거 출마 입후보 연설문을 썼다. 연설문은 다음과 같이 끝을
맺고 있다.

"저는 가장 비천한 집안에서 태어나 지금도 비천하게 살아가고 있
습니다. 저를 추천해 줄 부유하거나 유명한 친척도 친구도 없습니다.
하지만 만일 선량한 분들이 현명하게 생각하고서도 제가 나서지
않는 게 좋겠다고 판단하신다면, 늘 그랬던 것처럼 실망의 눈물을
삼키겠습니다."

그러나 공교롭게도 선거 기간 중 유명한 인디언 추장 블랙호크Black
hawk가 자신이 30년 전 미국 정부에 헐값으로 팔았던 땅을 되찾겠
다며 전쟁을 벌였다.

1832년 4월 6일에 발발한 블랙호크 전쟁

블랙호크와 500여 명의 인디언 부대는
변경지방과 몇몇 주거지역을 습격했고 이
소식은 멀리 떨어진 뉴세일럼의 주민들에
게도 들려왔다. 일리노이 주지사는 비상상
황을 선포하고 지원병을 모집했다. 링컨은
선거 운동을 미루고 1832년 4월 블랙호크
의 인디언 무리를 미시시피강 너머로 몰아
내는 것을 돕기 위해 지원병 모집에 자원했다.

추장 블랙호크
Black hawk, 1767~1838

　그는 지원병들의 리더를 선출하는 선거에 나서 부대원들의 압도
적인 지지로 중대장에 선출되었다. 다행히 한 달도 못 되어 블랙호
크의 소요가 끝나면서 링컨은 싸우지 않고 무사히 제대했다. 어렵
게 주의회 선거에 출마했지만 링컨은 선거운동을 제대로 하지 못
한 탓에 13명의 후보 중 8위에 그쳤다. 그러나 그는 뉴세일럼 지역
의 300표 중 277표를 득표해 그를 아는 주변 사람들이 얼마나 열
정적으로 그를 지지하는가를 보여주었다.

　첫 번째 도전인 주하원의원 선거에서 패배한 그는 차근차근 2년
후의 선거를 대비해 많은 노력을 기울였다. 그리고 25살 되던 해인
1834년 당당하게 당선되어 본격적으로 정치의 길로 들어섰다.[6] 이
후 링컨은 1836, 1838, 1840년 연속 4차례 주의원에 당선되었다.

─────────────

6　처음 당선되었을 때 링컨이 가장 먼저 한 일은 의회에 갈 때 입을 옷을 사기 위해 돈을
　빌리는 일이었다. 그만큼 가난한 25살 청년 정치인이었다.

링컨이 하원의원으로 재직한 일리노이 주의회(스프링필드)

그는 일리노이 주의원으로 활동하면서 입법 활동과 국가시스템의 운용에 관한 체계적인 법률 공부가 필요하다는 것을 절감했다. 법을 공부해야 한다는 생각은 이전부터 품고 있었고 나름 열심히 준비는 해온 터였다. 그러나 링컨은 그의 부족한 법률에 관한 기초 교육이 과연 법전의 난해한 용어와 깊은 의미를 제대로 알 수 있을까 싶어 망설였다. 그런 링컨에게 스프링필드의 저명한 변호사이자 입법관이었던 존 스튜어트John T. Stuart가 용기를 북돋아 주었다.

스튜어트는 블랙호크 진압 의용군 중대장으로 있던 링컨과 함께 생활하면서 잠재한 보석처럼 빛나는 링컨이 가진 리더로서의 소양을 발견했다. 이후 그는 링컨의 앞날을 위해 모든 지원과 노력을 기울이게 된다. 스튜어트의 격려에 용기를 얻은 링컨은 본격적으로 체계적인 법률 공부를 하면서 변호사 자격증을 따기 위해 혼신의 노력을 기울였다.

존 스튜어트
John T. Stuart
1807.11.10.~1885.11.28.

　마침내 27살이던 1836년, 링컨은 변호사 자격증을 취득했다. 이 듬해인 1837년 3월 1일에는 링컨의 이름이 일리노이주 대법원의 변호사 명부에 올라 완전한 변호사 자격을 취득했다. 어린 시절부터의 꾸준한 독학과 일리노이주 하원의원 활동을 하면서도 손에 책을 놓지 않은 꾸준한 독서 습관이 이처럼 링컨에게 더 큰 역할을 맡을 수 있는 바탕을 만들어 주었다. 변호사 링컨의 인생이 새롭게 열렸다.

비련의
첫사랑

남부 출신의 제임스 러틀리지James Rutledge는 뉴세일럼 지방의 최초 정착자 중 한 사람이었다. 그에게는 앤 러틀리지Ann Rutledge라는 매력적이고 아름다운 딸이 하나 있었다.

링컨의 첫사랑 앤 러틀리지
Ann Rutledge
1813. 1. 7.~1835. 8.25.

스물세 살의 청년 링컨은 열아홉 살 앤을 처음 보자마자 사랑에 빠졌다. 하지만 이미 앤에게는 존 맥나마라John McNamar라는 부유한 약혼자가 있었다. 공교롭게도 링컨이 짝사랑에 빠지는 순간 존 맥나마라가 뉴욕의 부모님과 가족을 데리고 오겠다며 뉴세일럼을 떠났다. 약혼자 앤에게는 바로 돌아올 것이며 그동안 편지를 자주 하겠다는 약속도 했다.

링컨이 일하던 우체국
Lincoln's New Salem State Historic Site

　당시 링컨은 마을 사람들의 지지와 추대로 그 마을 우체국장 겸 우편배달부를 맡고 있었다. 앤은 링컨을 만날 때마다 약혼자의 편지가 왔는지 물었고 그때마다 링컨은 안타까운 마음으로 그녀를 바라보곤 했다. 떠난 약혼자의 편지는 석 달이 지나서야 처음으로 도착했지만 그 내용도 앤의 애타는 기다림은 무시한 채 의례적인 것으로 가득해 약혼녀를 실망시켰다. 두 번째 편지 또한 석 달이 지나서야 앤의 손에 건네졌는데 사랑한다는 말도, 언제 돌아오겠다는 약속도 없었다.

　온갖 변명과 이유를 대며 자신이 빠른 시일 내에는 돌아오지 못한다는 편지 내용을 본 앤은 약혼자의 마음이 자신에게서 떠나버렸음을 본능적으로 알아차렸다. 사랑이 배신으로 끝난 슬픔에 빠진 앤을 지켜보던 링컨은 자신이 직접 약혼자를 찾아보겠다고 나섰다.

앤은 링컨의 제안을 거절하며 말했다.

"내가 어디 있는지 그 사람은 알고 있어요. 그 사람이 제게 편지를 보낼 생각이 없다면 나도 그 사람을 찾고 싶은 생각이 없어요."

앤의 사랑은 약혼자에게 배신당한 채 상처로 끝났지만, 링컨에게는 꿈꾸었던 기회가 찾아왔다. 상처받은 앤의 빈 가슴 속으로 링컨이 뛰어들었다. 얼마 지나지 않아 두 사람은 진실한 사랑에 빠졌다. 이 시절이 청년 링컨 인생의 가장 행복한 시간이었다.

생거먼 강둑을 함께 거닐거나 모임에 참석하며 두 사람은 애틋한 사랑을 나누며 행복한 시간을 보냈다.

하지만 두 사람의 애틋한 사랑은 불꽃처럼 짧게 끝났다. 앤이 갑자기 유행하던 장티푸스에 걸려 1835년 8월 25일 23살의 꽃다운 나이에 세상을 떠난 것이다. 장티푸스는 오늘날에는 쉽게 고치는 질병이지만 당시에는 치명적이었다.

앤은 죽음을 앞둔 병상에서도 링컨의 이름만 불렀다. 전염 우려로 면회가 금지되었지만 사람들은 앤의 딱한 처지를 생각해 링컨을 불렀다. 달려간 링컨은 밤을 새우며 병상을 지켰으나 앤은 다음 날 숨을 거두고 말았다.

앤의 죽음이 가져온 충격은 링컨의 심신을 황폐하게 만들었다. 어머니와 누이에 이어 첫사랑이자 진실로 사랑했던 앤마저 그의 곁을 떠나갔다. 그는 잠을 이루지 못하고 먹지도 않으며 오직 앤의 이름만 불렀다. 살고 싶지 않다는 말을 하며 죽어버리겠다는 말로 주변 사람들을 걱정시켰다. 그들은 링컨이 자살할까 두려워 소지하고 다니던 주머니칼을 빼앗고 강가에서 혼자 서성일 때는 강물에 뛰어드는 것이 아닌가 걱정되어 그에게서 눈길을 떼지 못했다.

링컨은 5마일 밖에 잠들어있는 앤의 묘지[7]를 날마다 찾아가서 그리움에 하염없이 앉아 있었다. 비바람이 몰아치는 날에는 심한 비바람이 앤의 무덤을 훼손할까 두려워 슬피 울었다.

링컨의 첫사랑 앤 러틀리지의 묘소
122 S 6th St, Petersburg, IL 62675

---

7 링컨의 자취를 직접 찾아가는 여정에 들른 앤의 묘비에는 다음의 구절이 적혀 있었다. "나는 에이브러햄 링컨이 사랑하는 앤 러틀리지입니다. 그와의 결혼은 생전에 이루지 못했지만 영원히 그와 함께 할 것입니다. (1813. 1. 7.~1835. 8. 25.)"

"그녀가 저기서 혼자 누워있다고 생각하니 난 도저히 참을 수가 없어요. 폭우와 태풍이 그녀의 무덤을 덮쳐서는 안돼요."

첫사랑 앤이 저 세상으로 떠난 후 오랜 세월이 지나 링컨의 친구 아이작 코그달Isaac Cogdal이 물었다. "사랑을 해본 적이 있나?"

링컨이 답했다. "그럼. 정말 사랑했지. 그녀는 아름다운 여인이 었네. 좋은 아내가 되었을 텐데…. 솔직히 지금도 그녀를 진심으로 사랑하고 자주 생각한다네."

가까운 사람들이 링컨의 이런 모습을 안타깝게 생각해 다른 환경에서 생활하도록 배려했다. 링컨의 증세는 차츰 호전되었으나 그렇다고 내면의 슬픔이 없어진 것은 아니었다. 시간이 흘러 그는 정상으로 돌아왔으나 앤이 떠난 슬픔은 평생 그의 상징이 된 우울함으로 끝까지 남았다.

어려서 어머니를 잃고, 10대에는 누나를, 20대 와서는 사랑을 잃었으니 링컨의 불운은 끝날 줄을 몰랐다. 어린 시절부터 그에게 닥쳐온 가까운 이들과의 죽음이라는 이별은 링컨의 내면에 자리한 '깊이를 측량할 수 없는 지극한 슬픔'으로 자리잡아 그가 세상을 떠날 때까지 그를 둘러싸고 있었다.

만일 앤이 죽지 않고 살아서 링컨과 결혼했다면 그의 인생이 어떻게 되었을까? 혹자는 앤의 죽음은 링컨에게는 불운이었지만 미국으로서는 더 할 수 없는 행운이었다고 말한다. 앤이 죽지않고 링컨과 결혼했다면 평범하고 행복한 가정을 꾸리고 살아갔을 시골 변호사 링컨의 운명이 우여곡절을 거쳐 역사의 부름을 받고 미국을 구하는 대통령 링컨이 되는 극적인 반전을 역사는 보여준다.

거듭되는
도전과 실패 그리고 성취

법률 공부

링컨이 정치에 뛰어들기 전에는 무엇을 했을까?

앤을 사귀기 얼마 전부터 링컨은 술주정뱅이로 이름난 윌리엄 베리William F. Berry라는 사람과 동업으로 가게를 열었다. 청년 가게 주인이 된 것이다. 1832년이었으니 그의 나이 스물셋이었다.

그 당시 뉴세일럼은 작은 마을인 데다가 경기가 어려워 장사가 제대로 될 리가 없었다. 잡화점에서는 여러 가지 물건을 싸게 구입해 적당한 이윤을 남겨 팔아야 하는데 물건값을 깎거나 흥정하는 일들이 애당초 링컨의 생리와는 맞지 않았다. 게다가 동업자 베리는 늘 술에 취해 가게에서 쓰러져 자기 일쑤였다. 젊음뿐인 베리와 링컨은 경험이 부족했으니 그 지역의 능수능란한 상인인 새무얼

힐과의 경쟁에서 이길 수가 없었다.

장사에 서툰 두 사람은 한 사람은 술에 빠지고 또 한 사람은 책에 빠져 대책 없는 일상을 보냈다. 적자로 인해 빚은 계속 늘어났다.

그러던 어느 날 아이오와Iowa로 가던 나그네가 가게 앞에 마차를 세웠다. 그는 먼길을 가는 지친 말들을 위해 무거운 짐을 줄이려고 마차에 실려진 짐 중에서 하나를 꺼내 떠맡기듯이 링컨에게 팔고 겨우 50센트를 받고 떠나갔다.

그가 떠나고 며칠 후 구석에 처박힌 짐을 풀어보니 온갖 잡동사니가 쏟아져 나왔다. 그 중에서 나온 몇 권의 책 속에 미국 법전이 들어있었다. 운명의 만남이었다.

링컨은 법전을 보자마자 평소 막연하게 동경해오던 변호사에 대한 관심과 호기심으로 법전을 읽기 시작했다.

가게에 찾아오는 손님은 없고 동업자인 베리는 가게에서 파는 독한 술을 마시고 처박혀 자고 있으니 어느 누구도 그의 책 읽기를 방해하지 않았다.

손님이 찾아오지 않는 가게에서 책 읽을 시간은 넘쳐났다. 링컨은 법전의 어렵고 난해한 문장을 거듭 읽어가며 의미를 깨우쳤다. 그는 책 속에 담겨 있는 국가와 개인, 수많은 인간 세상의 이해충돌과 그에 대한 공정한 심판이 무엇인가를 질문하며 그 자신의 꿈도 키워갔다. 링컨의 생애에서 그때처럼 독서에 몰입한 적은 없었다.

그는 어렵고 난해한 법률책 한 질 그러니까 모두 네 권을 독파한 후 중대한 결심을 하게 된다. 독학으로 변호사가 되겠다는 결심이었다. 그즈음 사랑에 빠진 앤도 링컨이 변호사로 개업하면 결혼하기로 언약했다.

법률책을 독파하고 나서 변호사가 되기 위한 본격적인 준비를 위해 링컨은 20마일(약 32km) 떨어진 스프링필드로 가서 변호사들을 찾아가 다른 법전들을 빌려다 읽기 시작했다. 길을 걸으면서도 읽었다. 법전을 읽다가 어려운 문장이 나오면 충분히 알거나 이해될 때까지 가던 발걸음을 멈추고 서서 생각에 빠졌다.

눈뜨고 있는 시간에는 책에 묻혀 살았다. 다른 모든 일상에는 신경 쓰지 않고 오직 책만 파고들었다. 그는 크게 소리 내어 책을 읽으며 그 의미를 머릿속으로 이해하려고 노력했다.

낮에는 손님 없는 가게 앞의 나무 그늘에서 책을 읽었고 밤에는 통 만드는 작업장에서 나오는 자투리 나무로 불을 지피고 그 불빛으로 책을 읽었다.

앤과 산책을 하든 숲을 거닐든 아니면 들에 나가 남의 일을 도와주든 그의 손에는 늘 법률 책자가 들려있었다. 심지어는 장작 패는 일당을 받고 일을 나가서 정작 장작은 패지 않고 온종일 나무더미 위에서 책을 읽고 있는 모습을 일 시킨 사람이 오후에 돌아와서 보고는 어이없어할 정도였다.

링컨의 이런 자세를 격려해 주던 그레이엄Mentor Graham이라는 사람이 링컨에게 정치적, 법률적으로 성공하기 위해서는 정확한 문법을 구사해야 한다고 충고하자 돈 없는 링컨은 관련 책을 빌려 보기 위해 6마일(약 9.6km)을 달려가서 새뮤얼 커크햄Samuel Kirkham의 《영문법English Grammar in Familiar Lectures》 책자를 빌려왔다.

독학으로 해온 공부라 기초가 부족했지만 배움에 대한 뜨거운 열정은 그 난관을 돌파했다. 링컨은 어렵고 딱딱한 그 책을 스펀지가 물을 빨아들이는 속도로 이해했다. 세월이 지난 후 그레이엄 선생은 자신이 평생 가르친 5천여 명의 학생 중에서 링컨만큼 열정적으로 학문에 매진하고 그만큼 빠르게 이해하는 사람을 본 적이 없다고 회상했다.

그뿐이 아니었다. 링컨은 법률 책을 넘어서 고전에도 관심을 가지고 파고들었다. 에드워드 기번Edward Gibbon의 《로마제국 흥망사The History of the Decline and Fall of the Roman Empire》, 그림쇼William Grimshaw의 《미국사History of The United States》, 노아 웹스터Noah Webster의 《철자법 사전Blue Backed Speller》 같은 책들이 그 당시 링컨의 독서 목록이었다.

링컨이 사랑과 용서, 화합과 포용의 리더십을 바탕으로 남긴 뛰어난 연설문과 글들은 이러한 끊임없는 노력의 결과였다. 또한 이때의 법률 공부가 바탕이 되어 주의회 의원으로 재직하며 링컨은 변호사 자격을 획득할 수 있었다.

파산과 17년간의 상환

링컨과 베리의 어설픈 동업은 빚만 남긴 채 2년도 안 된 1835년 파산으로 끝났다. 술에 빠져 살던 알코올 중독자 베리의 죽음이 직접적인 원인이었다. 연인의 죽음과 동업자의 사망 그리고 이어진 파산은 링컨에게 힘든 고난이었다. 그러나 동업자 베리의 알코올 중독으로 인한 허망한 죽음은 링컨에게 평생 술을 가까이하지 않도록 만드는 가르침이 되었다. 실제로 링컨은 죽는 날까지 술을 가까이하지 않았다.

문제는 파산으로 인한 부채의 해결이었다. 부채액은 1,100달러. 당시로서는 큰돈이었고 더구나 가난한 청년 링컨으로서는 감당 못할 액수였다. 다른 사람 같으면 죽은 동업자에게 책임을 돌리거나 부채 탕감을 사정했겠지만 링컨은 그러지 않았다. 일일이 채권자들을 찾아가서 유예 기간을 주면 반드시 벌어서 죽은 동업자의 몫까지 포함해서 모두 갚겠노라고 약속했다. 한 사람을 제외한 모든 채권자들은 '정직한 에이브'라는 칭호를 듣고 있던 링컨의 약속을 믿고 동의했다.

약속대로 그는 17년 동안 죽은 동업자의 몫까지 포함하여 모든 채무를 차근차근 갚았다. 그 오랜 기간 링컨은 약속을 지키기 위해 먹을 것, 쓸 것을 절약해가며 갚아나갔고 심지어는 하원의원 시절에 받은 급여까지 모아 마지막 빚을 갚았다. 당시 관행으로는 링컨이 그곳을 떠나 다른 주로 이주하거나 도망가면 빚은 소멸되었다. 그러함에도 링컨은 일리노이를 떠나지 않고 약속대로 모든 빚을 갚아나갔다.

어쨌든 빈털터리에 빚쟁이가 된 링컨은 수중에 돈이 없어 어떤 일이든 닥치는 대로 해야 했다. 나무를 베거나 장작을 쪼개는 일부터 시작해 건초를 말리고 울타리를 치고 농장일을 돕는 일들이 그가 맡는 일이었다.

그러면서도 주변 사람들의 신망이 높아서 맡게 된 시골 우체국장 겸 배달부의 직무도 성실히 수행해나갔다. 막노동보다는 더 나은 보수를 받을 수 있는 측량기사의 공부를 독학으로 시작한 것도 모두 이즈음 가난한 링컨의 일상에서 일어난 일이었다

Springfield

변호사
정치인
링컨

변호사
링컨

사랑하던 앤이 세상을 떠난 지 2년이 지난 1837년 4월 15일, 봄기운이 완연한 가운데 29살의 젊은 정치인 링컨은 사랑의 추억과 죽음의 이별이 깃든 도시, 독학을 통한 배움과 수많은 도전 그리고 사업 실패로 인한 파산의 사연이 깃든 뉴세일럼을 떠나 당시 많은 사람이 모여들던 일리노이의 신흥도시 스프링필드로 생활 터전을 옮겼다. 당시 링컨은 일리노이주 하원의원으로 있으면서 지방정치가 아닌 중앙정치로의 꿈을 가질 때였다. 바야흐로 인생의 목표로 삼은 훌륭한 변호사와 정치인이 되기 위한 본격적인 도전을 시작한 셈이었다.

링컨이 남의 말을 빌려 타고 스프링필드로 갈 때 그는 수중에 돈 한 푼 없이 빚만 진 딱한 처지였다. 스프링필드에 도착한 링컨은 잡화점 앞에 말을 세우고 가게 안으로 들어가서 주인을 만났다. 훗날

평생 친구이며 동지가 된 주인 조슈아 스피드Joshua F. Speed는 링컨과의 첫 만남을 이렇게 회고하였다.

그는 빌린 말을 타고 마을로 들어와서 마을에 하나뿐인 가구점에 가서 1인용 침대 틀을 예약했다. 그리고 우리 가게로 들어와 카운터에 그의 안장주머니를 올려놓고는 1인용 침대에 부속되는 물건을 다 갖추려면 얼마나 드는지 물었다. 내가 연필로 석판에 계산해보았더니 모두 17달러였다. 그가 이렇게 말했다.

"상당히 저렴해 보이는군요. 그런데 한 가지 말씀드릴 일이 있습니다. 그게 큰돈은 아니지만 지금 제게는 그걸 갚을 돈이 없습니다. 혹시 크리스마스까지 외상을 주실 수는 없을까요? 제가 여기서 변호사로 자리를 잡으면 그때는 반드시 갚겠습니다. 만일 제가 성공하지 못하면 갚지 못하게 될지도 모릅니다."

그 목소리가 어찌나 애처로운지 남의 일 같지가 않았다. 나는 그의 얼굴을 올려다보았다. 그의 얼굴은 내가 평생 본 얼굴 가운데 가장 슬프고 우울해보였다. 지금도 이런 생각은 달라지지 않았다. 그래서 나는 그에게 말했다.

"이렇게 적은 금액도 부담스럽게 생각하니까 하는 말인데 선생이 빚을 지지 않고 목적을 이룰 수 있는 방안을 하나 제안하지요. 내가 사는 방은 상당히 넓고 또 침대도 두 사람이 쓰기 충분할 정도로 큽니다. 혹시 그럴 의향이 있다면 나랑 방을 같이 쓰는 게 어떻겠습니까?"

그러자 그가 물었다.

"방이 어디 있나요?"

나는 가게에서 내 방으로 연결되는 계단을 가리키며 "저기 2층입니다"라고 했다.

그는 대답도 없이 자신의 안장주머니를 들고 2층으로 올라가서 방바닥에 내려놓고는 다시 내려왔다. 그러고는 환하게 웃는 얼굴로 이렇게 말했다. "스피드 씨, 이제 이사 끝났습니다."

윌리엄 버틀러
William Butler
1797.12.15.~1876. 1.11.

이런 인연으로 만난 링컨과 스피드는 5년 반 동안 함께 한 집 한 침대에서 동고동락하며 생활했다. 가난한 링컨을 위해 집주인 스피드가 집세를 받지 않는 조건이었다. 이때부터 그들은 가장 절친한 친구로 맺어져 허물없이 지낸 유일한 관계로 평생을 지냈다. 스피드만 인연이 된 것은 아니었다. 새로 사귄 윌리엄 버틀러William Butler는 가난뱅이 링컨에게 옷을 사주고 먹을 것을 제공했다.

이 두 사람의 도움과 협조가 없었다면 링컨은 변호사로서 자리 잡지 못했을 것이다. 세 사람은 일생 동안 우정을 나누었다.

당시 스프링필드의 인구는 2천5백여 명. 잡화상, 식품상, 여관,

커피숍, 약방, 의원 그리고 변호사까지 있는 제법 큰 도시였다.

당시 주의회 의원으로 활동하던 링컨과 동료 의원들의 노력으로 1837년 일리노이 주도州都가 벤델리아Vandalia에서 스프링필드로 이전한 덕분에 점차 새로운 도시로 성장하는 중이었다.

이곳에서 링컨은 1836년 27살에 변호사가 된 이후 대통령으로 취임하던 1861년까지 25년 동안 변호사로 활동했으니 대통령으로 일한 기간(5년)의 다섯 배쯤 되는 긴 시간이다. 그는 그 기간 중 5천여 건 이상의 사건을 맡아서 일을 했다.

그는 처음에는 스튜어트John T. Stuart와 로건Stephen T. Logan 등의 변호사와 동업관계로 일하다가 마지막에는 윌리엄 헌던William Herndon이라는 열 살 아래의 변호사와 '링컨과 헌던'이라는 이름의 법률사무실을 열었다. 이후 헌던은 함께 생활하며 링컨을 존경하고 지지했는데 두 사람 간의 긴밀한 관계도 평생 동안 이어졌다.

변호사 생활을 시작한 초기에는 초보 변호사인데다 아는 이도 없어 사건 의뢰도 적고 변호비도 너무 소액이라 의욕이 상실되었다. 형편이 어려워진 링컨은 차라리 변호사 일을 그만 두고 다른 직업, 이를테면 목수나 대장장이가 될 생각도 했다. 그러나 그것도 잠시 점차 시간이 흐르면서 변호사 링컨은 잠재된 역량을 발휘하며 자

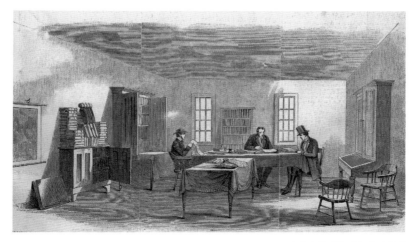

링컨과 헌던의 변호사 사무실

리를 잡기 시작했다.

　재판정에서 링컨 변호사의 변론은 다른 변호사와는 달랐다. 그는 복잡한 법률구조나 조문의 분석을 통해 사건을 이기려 하기보다는 정의를 바탕으로 억압받는 사람들의 손을 잡고 그들이 이길 수 있도록 재판부를 설득하는 쪽으로 열정을 쏟아부었다. 그리고 딱딱한 법조문이 아니라 알아듣기 쉽고 금방 이해할 수 있도록 가급적 쉬운 용어를 사용해서 재판의 승소 비율을 높여갔다. 시간이 흐를수록 소문은 금방 퍼지고 퍼져 사건 의뢰도 늘어났다.

　변호사 링컨의 유명한 일화 몇 가지는 이즈음 발생한 것이다.

　어느 불쌍하고 딱한 과부가 변호사 링컨을 찾아와 억울한 사연을 말하고 사건을 맡겼다. 작고한 남편의 유산(땅 4만㎡)을 실력자 장군이 자기 소유라고 주장하며 빼앗아갔다는 것이었다. 링컨은 이

사건을 흔쾌히 수임하고 장군 측과 소송을 벌였다. 장군 측은 죽은 남편의 서명이 든 서류를 증거로 소유권을 주장했다. 그러나 링컨은 그 서류가 가짜라는 것을 밝혀내 그 땅이 진정한 소유자인 과부에게 돌아가도록 승소로 이끌었다. 권력과 재력을 가진 사람들과의 소송에서는 힘없고 가난한 소송 의뢰인의 편에 서서 링컨 변호사가 더욱 그 능력을 발휘했다.

보잘것없는 출신의 변호사 링컨에게 사건을 맡기는 사람들은 지위나 재력이 있는 사람들이 아닌 약하고 어려운 일반 서민들이었다. 그들은 많은 수임료를 낼 수 없는 처지이기 때문에 평균 5달러 정도를 비용으로 부담했는데 그나마 그것도 없는 사람들은 채소, 곡식, 반찬거리 심지어는 닭 같은 것도 가져왔다.

그것뿐이 아니었다. 합동으로 변호사 일을 하게 되면 선배 변호사가 더 많은 수고비를 가져가는 것이 관례인데도 링컨은 보조 변호사 헌던과 똑같은 비율로 나누어 가졌다. 이러한 그의 남다른 처신은 입에서 입으로 사람들에게 퍼져나갔다.

링컨은 어떤 경우에도 지나치게 많은 수임료를 요청하는 법이 없었고 심지어는 수임료를 돌려보내는 일도 많았다. 돈을 지불할 수 없는 딱한 처지의 사람들에게도 자신의 법률서비스를 제공해야 한다고 믿고 행동하는 사람이 변호사 링컨이었다.

링컨이 너무 적은 수임료를 받는 것이 다른 변호사들에게 영향을 주자 많은 변호사들이 링컨에게 수임료를 적정하게 받을 것을

링컨 변호사 사무실이 있던 건물(일리노이주 스프링필드). 지금도 보존되고 있다.

요청하기도 했다. 하지만 그는 자신에게 오는 사람들이 가난한 사람들이라 도저히 수임료를 더 받을 수 없다고 완곡하게 거절했다.

수임료 25달러를 보내온 사람에게 너무 많다며 10달러를 돌려보낸 적도 있었다.

한번은 정신이 혼미해진 여자의 재산을 가로채려는 사기꾼의 음모를 막아주어 여자의 오빠가 흔쾌히 250달러의 수임료를 보내왔다. 그러나 링컨은 자기가 수고한 수임료로는 너무 많다고 반의 금액을 돌려보냈다.

이런 일도 있었다. 정부 연금기관에서 한 미망인에게 연 400달러의 연금을 받으려면 그 절반인 200달러를 낼 것을 요구했다. 허리가 굽은 나이 들고 가난한 미망인을 위해 변론하고 승소를 이끌어낸 링컨은 수임료를 한 푼도 받지 않았다. 오히려 미망인의 차표와 숙박비까지 자신의 돈으로 준비해주었다.

가장 감동적인 이야기는 예전 그와 인연을 맺었던 암스트롱 집안과의 사연이다. 암스트롱은 뉴세일럼에서 지낼 때 링컨과 승부를 겨루었던 동네 건달 두목이었다. 그 후로 두 사람은 매우 가까워져 링컨은 스스럼없이 그 집안을 왕래하던 사이였다.

암스트롱이 죽고 난 후 그의 아들 더프Duff가 살인사건에 연루되어 사형을 받을 위기에 처했다. 두 명이 한 사람을 한밤중에 때려죽였는데 증인에 따르면 그날 달이 밝아서 사건이 벌어진 광경을 잘 볼 수 있었는데 그중의 한 명이 더프가 틀림없다고 주장했다. 꼼짝

없이 죽게 된 아들의 목숨을 구하고자 그 어머니가 링컨에게 달려와 절박한 심정을 이야기하고 도와줄 것을 요청했다. 변호사 링컨은 기꺼이 사건을 맡고 꼼꼼하게 사건을 살핀 다음 법정에 출석하여 오늘까지 전해지고 있는 유명한 변론을 진행했다.

링컨은 더프가 범인이 틀림없다는 증인의 주장을 듣고 배심원들 앞에서 더프의 결백을 차근차근 설명했다. 내용은 다음과 같다.

"이자의 증언이 거짓임을 보여드리겠습니다.

이 증인은 살인 현장을 목격한 적이 없습니다.

그날 밤에는 보름달이 밝게 뜰 수가 없습니다."

그러면서 달력을 가져오라고 해서 살인사건이 일어난 날 달이 밝게 뜨지 않았음을 확인시켰다. 그러면서 더프가 갓난아기였을 때 자신이 요람에 눕히고 흔들어 주었다고 말하며 그가 절대로 살인 같은 범죄를 저지를 수 없는 사람이라고 말하며 눈물을 흘렸다.

한 명을 제외한 배심원들은 '무죄'를 선고했다.

아들의 목숨을 건진 미망인 한나Hannah는 링컨의 수고에 답례하고자 자신의 총재산인 40에이커의 땅을 주겠다고 했지만 링컨이 받을 리 없었다. 링컨은 한나의 손을 잡고 이렇게 말했다.

"한나 아주머니, 제가 젊은 시절에 가난하고 집도 없을 때 저를 먹여주시고 옷도 주셨는데 어떻게 제가 수임료를 받을 수 있겠습니까."

이러한 정직하고 인정에 찬 변호사 링컨의 활동과 선행은 차츰 차츰 더 많은 사람으로부터 한없는 신뢰와 믿음을 받게 되었다. '정직한 에이브'의 이미지가 뉴세일럼에서 스프링필드로 퍼졌다. 시간이 흐르고 사건이 쌓여갈수록 누구나 자연스럽게 변호사 링컨을 신뢰하게 되었다.

링컨의 집을 담보로 해서 돈을 빌려준 사람은 그에게 차용증서나 저당권 설정 등기도 하지 않았다.

땅 경계선을 가지고 다투던 농부 두 사람은 링컨의 공정한 해결 방법에 따르기로 하고 법원으로 가는 수고를 덜었다.

그러나 무엇보다 변호사 링컨이 가장 좋아하는 것은 사람들과 여러 분야에서 토론하는 것이었다. 천부적인 정치인의 자질이었다.

링컨이 생활하던 스피드의 상점은 시간이 날 때마다 토론장으로 변했다. 토론 주제는 다양했지만 가장 열띤 주제는 역시 노예 문제였다. 인권에 기초한 노예해방론자들의 의견은 노예를 바탕으로 경제를 꾸려가는 남부 측 의견과 늘 첨예한 대립각을 세웠다.

링컨은 토론을 주도하였지만 첨예한 노예 문제에 대해서는 심정적으로는 폐지를 지지하면서도 중도적 온건론을 주장했다. 그는 급격한 노예제도의 폐지는 현존하는 노예제도의 문제점보다도 더 많은 문제를 발생시킬 것이라고 주장했다.

노예 문제는 당시 사회적으로 가장 큰 이슈였고 현안이었다. 노예 문제로 미국 도처에서 폭력까지 난무했다. 흑인이 저항 끝에 경관을 살해하고 체포되자 격분한 사람들이 재판절차 없이 화형을 시킨 일이 미주리주에서 일어났다. 그것뿐만 아니라 노예제도의 찬반을 둘러싸고 대화나 협상이 아니라 폭력과 살인이 정당한 법적 절차 없이 진행되었다. 이러한 사회적 현상이 미치는 심각한 문제에 대해 스프링필드의 청년 집회에서 링컨은 다음과 같이 말했다.

"오늘날 전국을 휩쓸면서 계속 기세를 올리고 있는 불길한 징조란 법을 경시하는 경향이며 법원의 냉정한 심판을 거쳐야 할 일을 멋대로의 광분한 격정에 내맡기는 경향입니다. 야만인보다 고약한 폭도들이 정의를 구현하는 역할을 대신하고 있습니다."

그는 노예제도의 존속이냐 폐지냐 하는 결정은 국민 대다수 의견이 일치할 때까지는 미루어야 한다고 생각했다. 자칫하면 노예제도로 인해 미국이라는 국가의 분열과 대립이 심해지지는 않을까 우려했다.

그에게 노예 문제보다 중요한 것은 미국을 지탱하는 연방국가의 유지였다. 세상을 보는 링컨의 정치적 식견과 안목이 그만큼 성장했다. 일리노이 주의회 의원 생활을 8년 동안 하면서 그의 관심은 스프링필드에서 일리노이주로, 그리고 미국 전체를 바라보는 지도자적 안목으로 확대되었다.

스프링필드와 근처 지방에서 점차 정치지도자로서 링컨의 이름이 자주 거론되고 거기에 따르는 좋은 소문들이 늘어났다. 자연스럽게 많은 지역 주민들은 일리노이주의 대표로 연방의회로 나갈 적임자로 자연스럽게 링컨을 추대하고 그를 지지하게 되었다.

결혼과 그늘

첫사랑이 저 세상으로 떠나간 뒤 링컨은 변호사 일에 몰두하느라 여념이 없어 결혼을 생각할 틈이 없었다. 그러다 링컨이 훌쩍 결혼할 나이가 되었다. 하지만 링컨은 결혼에 관심이 적을 뿐 아니라 외양을 꾸미는 일에 관심을 주지 않고 말이 없고 무뚝뚝해서 여자들의 관심을 끌지 못했다. 오직 키만 클 뿐 멋있거나 잘생긴 것과는 거리가 먼 그의 외모는 젊은 처녀들에게는 화제의 대상에도 오르지 못했다. 한때 메리 오웬스Mary Owens라는 처녀와 인연이 맺어질 기회가 있었지만 링컨의 여자에 대한 무관심과 딱딱함이 상대로 하여금 저절로 링컨을 떠나게 만들었다.

1839년, 당시로서는 늦은 나이인 서른

메리 토드 Mary Todd
1818.12.13.~1882. 7.16.

한 살 노총각 링컨에게 적극적으로 마음을 두고 접근하는 처녀가 나타났다. 그녀는 링컨의 매력 없는 외면 속에 감추어진 비범함과 잠재력을 알아챘다. 더구나 그녀는 어린 소녀 시절부터 대통령 부인이 되겠다는 야망을 갖고 있었다. 메리 토드Mary Todd였다.

그의 가문인 토드 가는 당시 알아주는 명문가였고 메리는 프랑스식 교육을 받은 당시로서는 최상의 인텔리 여성이었다. 그녀 아버지는 켄터키주의 하원과 상원의원을 지낸 로버트 토드Robert Smith Todd 1791. 2. 25.~1849. 7. 17.였다. 그런 아버지의 영향으로 메리는 어려서부터 정치를 자연스럽게 받아들였다. 그녀는 철이 들면서부터 자신이 '영부인이 될 운명'을 타고났다고 확신했다. 그녀는 어머니가 죽고 난 후 새로 들어온 어머니와 의견 충돌이 잦아지자 집을 떠나 스프링필드에 사는 언니에게로 와서 지내던 중 링컨을 만나게 되었다.

메리 토드는 우월감과 자존감이 강한 여성으로, 말할 때는 쾌활했지만 침묵할 때는 입을 단단하게 닫는 사람이었다. 또한 다른 사람들로부터 비판을 받거나 무시당할 때는 싸늘한 시선을 쏟아내며 상대를 얼어붙게 하였다. 그녀의 이러한 성격은 평생 링컨을 힘들게 하고 괴롭혔다.

아무튼 메리가 스프링필드에 처음 나타났을 때 그녀는 모든 남자의 시선을 끌기에 충분했다. 당시 스프링필드에는 유망한 청년 정치인 스티븐 더글러스Stephen Douglas 1813. 4. 23.~1861. 6. 3.도 있었으니 메리에게는 둘도 없는 기회였다.

스프링필드의 유망한 정치 신인이었던 링컨과 더글러스는 평생의 라이벌이면서 미국을 위해서는 동지가 된 특별한 관계였다. 두 사람은 스프링필드에서 중앙정치로 진출했다는 공통점이 있고, 연방상원의원과 대통령 선거에서 맞붙었다. 이 두 번의 선거에서 상원의원은 더글러스가, 대통령은 링컨이 승리했다. 또한 두 사람이 노예제도를 두고 벌인 수차례의 토론회는 정치 토론의 정수를 보여주었다. 훗날 더글러스는 남북전쟁이 벌어지자 적극적으로 링컨 대통령을 지지했으며 전국을 순회하며 젊은이들에게 조국을 위해 나가 싸우라고 강연을 했다.

그해 12월 9일 밤 스물한 살의 아름다운 처녀 메리 토드가 등장한 무도회에서 링컨은 그녀에게 다가가 이렇게 제안했다.

"토드 양, 이곳에서 가장 춤을 출 줄 모르는 사람과 춤을 추어 보시지요."

훗날 메리는 그 당시를 회고하며 이런 말을 남겼다.

"정말 그 사람이 말한 대로 춤을 추더군요."

생김새도 이상한데다 키만 크고 옷은 엉성하게 차려입은 이 젊고 가난한 변호사와 집안 좋고 교양 있는 아가씨가 어떻게 인연이 될 수 있었는지는 하늘만이 알 일이다.

무도회 만남 이후 두 사람은 자주 만나 독서나 토론을 하며 시간을 보냈는데 메리는 영악하게도 한쪽으로는 더글러스와도 만나며 두 사람의 정치적 장래성을 저울질했다.

어찌되었든 젊은 처녀 메리가 스프링필드에서 만난 사람 중에서 자신의 결혼 상대 후보로 가장 장래성이 있다고 골라낸 사람이 바로 링컨과 더글러스였다는 것은 놀라운 일이었다.

더글러스와 링컨은 여러 면에서 대조적이었다. 키가 큰 것을 제외하고는 모든 면에서 링컨은 더글러스와 비교가 되지 않았다. 아마 그 당시 대통령이 될 가능성은 더글러스가 훨씬 앞서있었고 링컨은 대통령이 될 생각조차 하지 않을 때였다.

더글러스는 '작은 거인'이라는 별명으로 이미 전국적으로 이름이 알려져 있었다. 인간적으로 매력이 있었고 전도유망하며 사회적 위상도 높았다. 메리는 대통령이 될 가능성이 더 큰 더글러스와 먼저 사귀었다. 결혼까지 생각할 정도로 가까워졌지만 둘 다 개성이 강한 탓에 얼마 가지 않아 이별로 막을 내렸다.

더글러스와 실패로 끝난 메리는 여자에게는 별로 관심이 없는 링컨을 자신의 꿈을 이루어줄 대상으로 정하고 그에게 집요하게 매달렸다. 메리의 주변 사람들은 형편없는 가문 출신인데다 가난한 변호사인 링컨을 선택하는 것을 만류했지만 메리의 고집을 꺾을 수 없었다. 반대가 심할수록 그녀의 결심은 더욱 굳어졌다.

훗날 그녀는 다음과 같이 회고했다.

링컨 씨는 언젠가 미합중국의 대통령이 될 거예요.
그렇게 생각하지 않았더라면 나는 그와 결혼하지도 않았을 거예요.
왜냐하면 그는 미남이 아니거든요.

메리는 적극적으로 링컨에게 다가갔고 내성적이며 소극적인 링컨은 사랑의 감정도 없이 속수무책으로 그녀의 포로가 되고 말았다. 그는 결국 메리와 약혼을 하고 결혼 날짜를 잡게 되었다. 결혼식은 1841년 1월 1일로 정해졌다.

그러나 시간이 흐를수록 서로의 성장배경이 다르고 성격, 취미, 사고방식 등에서 너무나 차이가 컸기 때문에 링컨은 결혼에 대한 두려움과 함께 심각한 우울증에 빠졌다.

메리 토드는 약혼하자마자 링컨의 모든 부분을 바꾸려고 달려들었다. 시골에서 잡초처럼 살아온 그의 옷 입는 방식이나 태도뿐만 아니라 모든 부분이 그녀에겐 고쳐야 할 대상이었다. 그것이 링컨을 몹시 힘들게 했다.

더욱 힘든 것은 메리의 질투였다. 링컨은 젊은 여자와는 인사도 할 수 없었다. 시간이 흐를수록 두 사람의 사랑이 싸움과 불화 그리고 상대에 대한 배려가 없는 흠집 찾기로 변해있다는 것을 링컨은 깨달았다.

그는 지금 당장 파혼하지 않으면 앞으로의 결혼생활은 비참해질 것임을 깨달았다. 그는 파혼을 통지하려고 편지를 작성했지만 마음이 약해져 전하지도 못한 채 난로 속으로 던져버렸다. 편지 대신 직접 이별을 통보하려고 찾아간 링컨은 울며 매달리는 메리를 다시 포옹하고 말았다.

그러나 결혼식이 다가올수록 링컨의 우울증과 괴로움은 더욱 심해졌다. 결국은 결혼식 날 신랑인 링컨이 나타나지 않는 엄청난 사건으로 비화되고 말았다.

그로부터 2년여의 세월이 흘렀다. 링컨은 메리가 자신을 잊고 다른 사람을 찾기를 원했고 자신은 앞으로 누구와도 결혼을 하지 않겠다고 결심했다.

그런데 문제는 메리였다. 메리는 링컨을 포기하지 않았다. 다른 남자에게는 눈길 한 번 주지 않고 오로지 링컨과 결혼하겠다는 각오를 더욱 강하게 다졌다. 더 나아가 대통령의 부인이 되겠다는 결심도 더욱 굳어졌다.

1842년 10월 링컨은 두 사람을 다시 연결시키려는 계획도 모른 채 자신을 초청한 집안에서 다시 메리를 만나게 되었다. 마음 약한 링컨은 울며 매달리는 메리를 차마 거절하지 못하고 포옹함으로써 두 사람의 관계는 다시 시작되었다.

그해 11월 4일 링컨은 다시 메리에게 청혼했고, 기다렸다는 듯이 메리는 바로 그날 언니의 집에서 서둘러 결혼식을 올렸다. 이렇게 33살의 링컨과 23살의 메리는 부부로 출발했다. 링컨은 메리에게 '사랑은 영원하다Love is Eternal'라는 글자가 새겨진 결혼반지를 선물했다.

링컨과 메리의 결혼

사실 링컨은 자신이 메리를 사랑하지 않는다는 것을 잘 알고 있었다. 그러나 메리가 어떤 일이 있어도 자기와 결혼하겠다는 결심이 바뀌지 않을 것임을 알고 있기에 결혼하는 것이 옳다고 판단했다. 사랑보다는 인정을 앞세운 결정이었다.

링컨의 인생에서 메리 토드와의 결혼은 개인적으로는 고통과 괴로움의 시작이었지만 그녀로 인해 링컨은 본격적으로 정치의 깊숙한 곳으로 들어갈 수 있었다. 그녀는 링컨이 현실에 안주하지 않고 끊임없이 더 큰 역할과 큰 자리를 맡을 수 있도록 재촉하고 격려했으며 결국은 대통령이란 직위에까지 밀어 올렸다.

일리노이주 스프링필드에 위치한 링컨과 메리 토드의 집.
사람들의 발길이 끊이지 않고 있다.

불행한 가정생활

링컨의 결혼생활은 사랑이 넘치거나 화목한 가정과는 거리가 멀었다. 일종의 의무감으로 결혼한 링컨은 무던한 성격이라 참고 견디며 살았지만 그럴수록 부인 메리 토드는 타고난 강한 성격에다 본인의 자존심에 못질을 한 링컨의 결혼식 불참 사건을 늘 마음에 품고 복수하듯이 링컨을 몰아댔다.

한번은 다른 사람들과 식사를 하는 중에 링컨이 메리의 화를 돋우는 언행을 하자 참지 못한 메리가 사람들이 보는 가운데 마시던 커피를 링컨을 향해 끼얹었다. 링컨이 아무 말도 하지 않고 그 자리에 앉아 있자 옆에 있던 사람이 젖은 수건을 가져와서 그의 얼굴과 옷을 닦아 주었다.

이는 두 사람의 결혼생활이 어떠했는지를 보여주는 전형적인 예로써 얼마나 링컨이 메리에게 시달렸는지를 보여준다. 메리 토드여사의 이러한 성품과 태도가 오늘날까지도 최악의 미국 대통령부인으로 선정되도록 만들었다.

메리가 여동생에게 했다는 이 말은 평소 링컨을 바라보는 메리의 평가였다.

"그는 집 안에 있을 때 아무런 도움이 되지 않아. 옷 입는 일과 독서 외에 그가 집에서 할 수 있는 일은 아무것도 없어. 모든 일은 내가 챙겨야만 해. 그는 정말 아무것도 하지 않거든. 그는 세상에서 가장 쓸모없는 철저한 무능력자야."

이러한 불편하고 힘든 분위기는 링컨으로 하여금 지속적으로 탈출구를 찾게 했다. 링컨은 부인과 떨어져 있고 싶어 했다. 그는 집을 떠나 말을 타고 순회재판소[8]를 따라 다니며 주말에도 귀가하지 않고 시골의 형편없는 숙박 시설에서 잠을 자더라도 집보다는 마음 편하게 지내는 것을 선호했다.

그러나 메리가 남편을 성가시게 하고 괴롭힌 까닭은 그녀 자신의 성격 탓도 있었지만 링컨의 무신경한 자기관리 태도에도 있었다.

링컨은 옷차림이나 외모에 대해 도무지 관심이 없었다. 닥치는 대로 옷을 걸치고 거리를 활보했고 머리나 얼굴에 신경을 쓰거나 매만지는 사람이 아니었다.

한번은 사진을 찍기 위해 찾아간 사진관의 사진사가 머리와 얼굴을 매만질 것을 권유하자 "매만진 내 모습을 보면 스프링필드 사람들은 나를 알아보지 못합니다"라고 할 정도로 자신을 챙기는 거에는 관심이 없는 정말 대책이 없는 사람이었다.

그러나 소송관련 업무나 중요한 문제 외에는 초연하듯 모든 관

---

8 당시는 광활한 지역에 흩어져 사는 주민들의 재판을 도심지 한 곳의 재판소에서 여는 것은 주민들의 불편이 커서 재판부와 변호사가 시골 이곳저곳을 돌아다니며 재판을 열었다.

심을 내려놓고 살아가는 그의 삶에 대한 자세는 반대로 큰일을 수행할 때 집중해서 돌파하는 놀라운 지혜와 힘을 주었다.

메리는 매일 잔소리를 퍼붓고 괴롭혔다. 그런데도 링컨은 침묵과 인내로 참아냈다. 아니 참는 것이 아니라 그저 무심하듯 남의 일처럼 대하며 살았다. 거기에다가 메리는 남편의 친가를 무시하고 천대했다. 링컨에게 공부의 기회를 마련해준 천사 어머니 사라조차 아들 집을 방문할 수 없었다.

메리의 이 같은 불같은 태도는 링컨을 편안하게 집에 머물지 못하게 만들었다. 그는 온갖 이유를 만들어 집에 있지 않고 밖에서 사람들과 어울리거나 사색이나 독서를 하며 시간을 보냈다. 역설적이게도 이러한 메리의 태도가 링컨이 가정에 안주하지 않고 밖에서 활동하게 만들어 많은 사람들과 관계를 맺고 정치적으로 더욱 성장하는 밑거름이 되었다.

어찌 보면 첫사랑 앤과 결혼했다면 링컨은 가정에 충실한 일상으로 행복했겠지만 결코 미국 대통령은 될 수 없었을 것이다. 메리의 억척스러운 성격이 일정 부분 링컨을 미국 대통령으로 만들었고 역사에 남는 인물로 만들었음은 사실이다.

"당신은 일리노이의 링컨이 아니라 미국의 링컨이 되어야 해요."

메리가 링컨에게 주문처럼 하던 말이다. 그녀는 남편을 대통령으로 만들겠다는 집념은 그만큼 집요했고 악착스러웠다.

아들 테드에게 책을 읽어주는 링컨

부인과의 관계는 힘들어도 링컨의 자식 사랑은 유별날 정도로 끔찍했다. 링컨 부부는 아들 넷을 두었는데 첫째 로버트를 비롯하여 에드워드, 윌리엄, 테드가 그들이다.[9]

그는 아이들이 버릇없다는 소리를 들을 정도로 개구쟁이 짓을 해도 꾸중하는 일이 없었다. '아이들의 잘못은 눈감아주고 착한 일을 하면 칭찬을 아끼지 않는다'는 것이 그의 신념이었다.

개구쟁이 아이들은 시간과 장소를 가리지 않고 온갖 일을 저질

9 그중 큰아들 로버트만 83살까지 유복하게 살다 죽었고 에디(에드워드)는 네 살에 폐결핵으로, 윌리(윌리엄)는 열두 살에 장티푸스로, 테드(토마스)는 열여덟 살에 늑막염으로 죽었으니 링컨의 속마음이야 얼마나 비통했을까.

렀고 링컨은 그들을 안아주는 것으로 벌을 대신했다. 사무실을 뒤죽박죽으로 만들어도, 예배 중인 교회에 뛰어 들어와 난장판을 만들어도, 자기가 불러도 대답하지 않는다고 어른들이 두고 있던 체스판을 걷어차도 링컨은 꾸중하지 않았다.

일요일이 되면 메리는 교회로 가고 링컨은 아이들을 데리고 그가 일하는 변호사 사무실로 가곤 했다. 그럴 때면 사무실은 아이들에게 마음껏 뛰노는 놀이터가 되었다. 아이들은 거침없이 비싼 펜촉을 바닥에 던져 못 쓰게 만들거나 잉크병을 엎어서 서류를 버려놓기 일쑤였고 사용하는 연필은 쓰레기통에 처박았다. 아이들이 난장판으로 만든 사무실을 정리하는 역할은 링컨과 동업변호사 몫이었다.

이렇게 링컨이 지나칠 정도로 아이들에게 보여주는 아량과 관용은 자신이 어린 시절 아버지에게 느낀 사랑의 갈증이 영향을 주었을 것이다.[10]

또한 링컨은 종교를 독실하게 믿은 적이 없었지만 심중에 늘 다음과 같은 원칙을 가지고 살았다.

'내가 선한 일을 하면 선을 느끼고, 나쁜 일을 하면 잘못을 느끼는데 그게 바로 저의 종교입니다.'

---

10 링컨은 어린 시절 아버지가 자신에 대하여 행했던 강압적인 자세에 많은 심리적 고통을 느꼈다. 그의 이러한 심리적인 기저는 훗날 자식들에게 베풀었던 거의 무한대의 사랑과 관대함으로 표출되었다.

부인이 자신을 비롯한 다른 사람들과 다툴 때 링컨은 아래와 같은 원칙을 기록해두었다.

> "남과 절대 다투지 마라. 최대한으로 훌륭한 사람이 되기로 결심한 사람은 개인적인 다툼에 시간을 낭비할 수가 없다."

링컨을 힘들게 한 것은 메리만이 아니었다. 그의 아버지와 이복동생들은 성공했다고 소문난 아들이자 형에게 끊임없이 재정적인 도움을 요청했다. 끝없이 이어지는 그들의 편지에 여러차례 도와주던 그는 이런 도움에 종지부를 찍고자 마침내 정중하면서도 단호하게 답을 보낸다.

습관적으로 돈을 요구하는 그의 이복동생에게 보낸 편지를 읽어보자.

> "친애하는 존스턴에게
>
> 네가 요청한 8달러를 나는 지금 보내주는 것이 최선은 아니라고 생각한다. 내가 너를 약간 도와준 적이 여러 번 있다. 그때마다 너는 '이제부터 우리는 잘 지낼 수 있다'고 말했지만 얼마 못 가서 똑같이 어려운 처지에 놓인 것을 나는 보았다. 너의 행동의 어떤 결함 때문에 이제 이러한 상황이 다시 닥칠 수가 있을 뿐이다.

그 결함이 무엇인지 나는 알고 있다. 너는 게으르지는 않지만 여전히 빈둥빈둥 놀며 지내고 있다. 나는 너를 만나 본 이후로 네가 단 하루라도 온종일 일해 본 적이 없다고 생각한다. 너는 일을 싫어하는 것은 아니지만, 일해도 돈을 많이 벌지 못한다는 이유만으로 여전히 일을 열심히 하지 않고 있다.

시간을 낭비하는 이 습관이야말로 문제의 핵심이다. 네가 이러한 습관을 버리는 것은 너에게 매우 중요하고, 너의 자녀들에게는 더욱 중요하다. 너의 자녀들에게 더욱 중요한 이유는 그들이 너보다 더 오래 살아야 할 것이고, 이러한 습관이 들기 전에 게으른 습관을 멀리할 수 있고, 이러한 습관이 든 이후에는 쉽게 그것을 버릴 수 있을 것이기 때문이다.

너는 지금 돈이 좀 필요하다. 나는 너에게 그 돈을 줄 사람을 위해서 네가 '악착같이' 일을 해주러 가야만 한다고 충고한다. 아버지와 너의 아들들이 집안일을 하고, 농사 준비도 하며 추수도 하도록 하라. 그리고 너는 최대한으로 많은 임금을 받는 일을 하거나 네가 진 빚을 청산하기 위한 일을 하러 가라.

네가 노동을 하는 데 대한 보상을 나는 약속하겠다. 즉 지금부터 5월 1일 사이에 네가 노동을 하거나 빚을 청산하기 위해 1달러를 벌면 나는 그 1달러에 더해 내 돈 1달러를 너에게 주겠다. 그러니까 네가 한 달에 10달러를 받기로 하고 고용된다면 나는 너에게 10달러를 주어 너는 한 달에 20달러를 받게 되는 것이다.

이렇게 하기 위해 나는 네가 세인트루이스나 캘리포니아의 납 광산 또는 금광에 가라고 하는 것이 아니라 코울즈에 있는 너의 집 근처에서 최대한의 임금을 받기 위해 일하라는 것이다. 이제 네가 이렇게 일을 하기 시작하면 너는 곧 빚더미에서 풀려날 것이고, 더 좋은 결과는 네가 다시 빚을 지지 않는 습관을 얻게 될 것이라는 사실이다. 반면에 내가 지금 너의 빚을 갚아준다면 너는 내년에 더 많은 빚을 진 상태에 이를 것이다.

너는 천당에 있는 네 자리를 70달러나 80달러에라도 팔겠다고 말한다. 그렇다면 너는 천당에 있는 네 자리를 너무 싸게 평가한다. 왜냐하면 나는 네가 4~5개월 동안만 일해도 70달러나 80달러를 벌 수 있다고 확신하기 때문이다.

너는 내가 돈을 빌려주면 네 농토를 담보로 내주고 네가 그 돈을 갚지 않으면 농토를 넘기겠다고 말한다. 말도 안 되는 소리다! 너는 지금 농토를 가지고 있으면서도 생활이 불가능한데 농토가 없을 경우 어떻게 살아갈 수 있겠느냐?

너는 나에게 항상 친절했고 나도 너를 불친절하게 대하고 싶지 않다. 오히려 네가 나의 충고를 따른다면, 너는 그것이 80달러의 80배 이상의 가치가 있다는 것을 알게 될 것이다.

사랑하는 너의 형, A. 링컨으로부터."

더 큰 정치로
들어서다

메리는 결혼하자마자 남편에게 미국 연방하원의원 선거에 나갈 것을 강하게 권유했다. 지금까지 출마했던 일리노이 주의회 의원 선거와는 차원이 다른, 본격적인 워싱턴의 중앙 정치무대에 나서라는 요구였다.

사실 링컨도 중앙정치에 대한 꿈이 없었던 것은 아니었지만 용기가 나지 않아 주저하고 있었는데 메리의 강력한 권유는 그를 본격적인 정치무대로 나서게 만들었다.

링컨은 마침내 1846년 37살이 되던 해 중앙 정치무대의 첫걸음인 하원의원 선거에 휘그당(지금의 공화당) 후보로 출마했다. 링컨은 열심히 선거운동을 했다. 각 지방을 다니며 순회재판소의 재판에 참여해 변호사로 일하면서 그 기회를 이용해 그 지방의 유력인사들을 자신의 동지나 지지자로 만드는 노력을 계속했다. 여기에는

피터 카트라이트
Peter Cartwright
1785. 9. 1.~1872. 9.25.

그의 소탈함과 정직성, 좌중을 잘 이끄는 말솜씨도 한몫했다.

상대 당인 민주당에서는 유명한 감리교회 목사인 피터 카트라이트Peter Cartwright를 내세웠다. 카트라이트는 링컨에게서 별다른 약점을 찾지 못하자 '신앙이 없는 자'라고 비난했다. 사실 링컨은 교회에는 나갔지만 어느 특정교회에 속하지 않는 신앙생활을 했기 때문에 상대방은 그것을 집요하게 공격했다.

선거운동이 한창이던 어느 날 링컨은 카트라이트 목사가 설교하는 종교집회에 참석했다. 이것을 기회로 생각한 카트라이트는 링컨을 심하게 몰아세우기 시작했다.

카트라이트가 말했다. "새로운 삶을 살고 마음을 바쳐 하나님을 섬기며 천국에 들어가고 싶은 사람은 모두 일어서십시오."

많은 사람들이 일어서자 그는 말을 이었다.

"지옥에 가고 싶지 않은 사람은 모두 일어서십시오."

링컨을 제외한 모든 사람이 일어서자 기다렸다는 듯이 카트라이트 목사가 링컨을 바라보며 물었다.

"링컨 씨, 당신은 어디로 갈 것입니까?"

링컨은 천천히 일어나서 이렇게 답변했다.

"목사님만 상관 않으신다면 저는 국회로 갈 것입니다."

이 멋진 대답으로 링컨은 그곳에 모인 수많은 사람들을 자신의 지지자로 만들었다.

링컨은 상대 후보보다 1천 5백여 표나 더 많은 6천 3백 40표를 얻어 압도적으로 하원의원에 당선됐다. 그가 평소 쌓은 배려와 선행, 그리고 멋진 유머와 연설능력으로 얻은 당연한 승리였다. 빈천한 집안에서 태어나 누구의 도움없이 스스로 한칸한칸 쌓아올린 한 인간의 성공 스토리였다.

선거가 끝난 뒤 사람들은 그가 받은 압도적 지지에 놀랐다. 일리노이주에서 이전에 어떤 후보도 그처럼 많은 지지를 받은 적이 없었기 때문이다.

그런데 사람들을 더욱 놀라게 한 것은 선거 기간에 사용한 선거자금이었다. 당에서는 링컨에게 공식적으로 선거자금 200달러를 주었다. 선거가 끝난 후 그는 199달러 25센트를 반납하면서 이렇게 말했다.

"저는 선거비용이 필요하지 않았습니다. 저는 제 말을 타고 다니면서 선거운동을 했고 회식은 친구들의 집에서 했기 때문에 비용이 들지 않았습니다. 유일한 지출은 사이다 한 병 값인 75센트인데 그것은 어떤 농부가 마실 것을 꼭 달라고 해서 주었기 때문입니다."

풍파

연방 하원의원에 당선되어 가족들과 함께 정치의 중심지인 수도 워싱턴에 도착한 것은 1847년 12월 2일이었다. 링컨 일가는 가난했기 때문에 집을 구하지 못해 비좁고 외진 하숙집에서 생활을 시작했다.

그 당시의 워싱턴은 지금과는 비교할 수 없을 정도로 불편하고 지저분한 도시였다. 도처에 축사가 있어 악취를 풍기고 포장되지 않은 도로에는 먼지가 날렸다. 그것뿐이 아니었다. 워싱턴에는 노예 매매 시장도 있어서 노예제도의 비극과 문제점을 그대로 드러냈다. 화려한 생활을 꿈꾸었던 메리로서는 낙담할 일이었지만 링컨은 그 정도 불편함을 마음 편하게 받아들였다.

몇 주가 지나자 링컨은 비록 초선 의원이었지만 '의사당 최고의 이야기꾼'으로 인정받았다. 그의 주변에는 재미있는 이야기를 듣고 싶어 하는 사람들로 가득 찼다.

링컨이 연방 하원의원으로 당선되던 그해 세상은 점차 소용돌이에 빠져들기 시작했다. 미국과 멕시코 간에 전쟁[11]이 일어난 것이

---

11 1846년에서 48년 사이에 벌어진 군사분쟁이다. 원래 멕시코 영토였던 텍사스 지방에서 독립운동이 일어났다. 처음엔 독립 국가를 표방했던 텍사스 공화국은 역량이 부족해지자 미국 정부에 합병을 요청한다. 텍사스 주민 대부분이 미국에서 이주해온 사람들이었기 때문이다. 이를 좌시할 수 없던 멕시코 정부는 미국과 외교 관계를 단절하고 대항했지만 애당초 상대가 되지 않았다. 이 전쟁으로 많은 멕시코인이 희생됐으며

다. 잘 풀려가던 링컨의 의원 생활은 이 전쟁의 논란에 휘말리면서 치명적 상처를 입게 되었다.

당시 양심 있는 미국인들은 전쟁에서 미국이 저지른 잔학행위에 대해 비난했다. 그러나 대다수 국민은 자신의 가족들이 군인으로 참전한 전쟁을 지지했고 승리의 기쁨에 도취했다. 어떤 정치인도 반대의견을 낼 수 없는 분위기였다.

이러한 복잡하고 어려운 상황을 인식하고도 링컨은 정치적 손해와 고난을 각오하고 양심이 시키는 대로 과감하게 문제를 제기했다. 그는 국회에서 연설을 통해 미국이 멕시코를 상대로 불명예의 전쟁을 벌였다며 미국 군대를 빗대 "강력한 살인자의 무리와 지옥의 악마들이 되어 여성과 어린아이들까지 죽이고 곳곳을 폐허로 만들었다"고 비난했다.

링컨 연설문이 신문에 크게 보도되자 그의 선거구인 일리노이를 중심으로 거센 반발이 일어났다. 전쟁터에 6천여 명의 일리노이 젊은이들이 달려갔는데 그들을 지옥에서 온 악마요 살인자라고 했으니 전쟁터에 아들이며 형제를 보낸 주민들의 반발은 당연했다.

주민들은 자기들이 뽑은 하원의원 링컨이 의회에서 연설한 내용에 대해 최악의 비난을 퍼부었다. 그들은 링컨을 가리켜 '천하고 비열하며 파렴치하고 반역을 저지른 배신자요 반역자'라고 비난하고

결국 텍사스뿐만 아니라 캘리포니아 지방까지 미국에 넘겨주고 휴전에 서명했다. 그 결과 미국은 동부에서 서부에 이르는 광대한 면적을 가진 대국으로 성장했다.

성토하며 링컨에게 정치적 사형선고를 내렸다.

일리노이 주민들의 링컨에 대한 미움은 이후 10년이나 계속되었다. 정치적 이해관계를 떠나 정의와 양심에 따라 주장했던 링컨으로서는 어쩔 수 없이 받아야 하는 업보요 결과였다. 훗날 그는 동료에게 이 사건을 두고 '나는 정치적으로 자살했다'고 고백했다.

하원의원의 임기(2년)가 끝날 때 링컨의 나이 마흔이었다. 정계에서는 따돌림을 당하고 지역에 돌아가면 분노한 지역 주민을 만나야 하는 사면초가에 빠진 링컨은 정부 일을 맡기를 희망했으나 그것마저 이루어지지 않았다.

하는 수 없이 그는 다시 옛날로 돌아가 스프링필드의 좁고 지저분한 옛날 사무실에서 헌던과 함께 변호사 업무를 시작하고 이곳저곳에서 열리는 순회 법정을 다니기 시작했다. 이렇게 힘들고 어려운 시간을 보내며 링컨은 정치를 떠나 변호사 일에만 매달렸다. 링컨 변호사는 그의 상징처럼 된 손잡이가 직선인 초록색 낡은 우산을 한 손에 들고 다른 손에는 서류가 든 낡은 가방을 들고 법정이 열리는 일리노이 구석구석을 찾아다녔다.

그는 자신이 정의감을 표출하는 방법의 어리석음과 정치적으로 부족한 점들을 철저하게 성찰하며 힘든 시기를 이겨나갔다. 그에게 이러한 반성과 노력의 시간이 결국에는 훗날 커다란 축복의 기간이 되었다. 링컨은 더 이성적이며 논리적이 되었고 멀리 내다보는 지혜도 깊어졌다. 그의 정치적 식견과 행동은 이전보다 많이 달라졌다. 오직 한 가지만 빼고.

'정직한 에이브'라는 평가는 오히려 전보다 더 높아졌다. 1850년 그가 적은 노트의 메모에는 이런 기록이 남아 있다.

> '무슨 일에나 정직하기로 결심하라. 네 생각에 도저히 정직한 변호사가 될 수 없거든 변호사가 되지 말고 정직한 사람이 되기로 결심하라.'

힘든 이 시기에 둘째 아들 에드워드가 4살 어린 나이에 병에 걸려 사망하고 다음 해(1851년)에는 아버지 토마스 링컨이 세상을 떠났다.

그를 평생 따라다닌 우울한 이미지는 이 기간 더욱 굳어졌지만 우울함을 뛰어넘는 뛰어난 유머 감각도 이때 더욱 빛을 발했다.

스프링필드 거리를 터벅터벅 걸어가는, 행운과는 거리가 먼 불운하고 매사가 잘 풀리지 않는 링컨을 사람들은 이전의 비난에서 벗어나 서서히 이해와 동정의 눈으로 바라보았다.

링컨은 깊은 생각에 빠져 걷기 일쑤였으며 그럴 때는 이웃 사람이나 아는 친구가 인사를 해도 반응을 보이지 않을 정도로 생각에 빠져들었다.[12]

---

12 이 시기의 유명한 일화가 있다. 링컨이 어린 아들을 유모차에 태우고 가다가 어찌하여 아들이 유모차에서 떨어져 엉엉 울고 있었는데 링컨은 그것도 모른 채 생각에 잠겨 빈 유모차를 끌고 간 적도 있었다.

순회재판을 따라다니는 변호사 링컨의 이야기 솜씨는 오늘까지 전설처럼 전해진다. 그의 동업자인 헌던의 표현에 의하면 링컨은 '세상에서 가장 재미있는 이야기꾼'이었다.

저녁 식사를 마치고 나면 사람들은, 어떤 때는 200명이 넘는 인원이 링컨 주위에 몰려들어 그의 이야기에 귀를 기울이고 함께 폭소를 터뜨리고 어떤 때는 이야기 속에 내포된 교훈을 공감했다. 이 자리에는 낮에 논쟁을 벌였던 판사, 검사, 변호사들도 함께했으니 그 모습이 상상만 해도 재미있다.

소송을 통해 먹고 사는 변호사 직업이지만 링컨은 소송을 부추기는 사람을 가장 나쁜 사람으로 간주했다. 그래서 다투는 쌍방이 법원에 가지 않고 가급적 원만한 합의를 하도록 모든 노력을 기울였다. 소송을 해야 수입이 생기는 변호사로서는 모순적인 행동이지만 링컨의 본질적인 성품은 그런 사람이었다.

그러면서도 링컨은 평생 습관인 독서를 멈추지 않았다. 그가 평소 새벽 두 시까지 독서삼매경에 들었다는 기록이 있다.

링컨이 정치적으로 10여 년간 좌절과 반성의 시간을 보내는 동안 세상은 변하여 링컨이 더이상 스프링필드의 변호사로 안주하도록 두지 않았다. 미국 사회의 뜨거운 논쟁의 핵심인 노예제도가 남과 북의 갈등과 대립을 심화시켜 하늘은 링컨으로 하여금 다시 전면에 나서게 만들었다.

링컨의 주변에서는 많은 사람이 노예제도의 즉각 폐지를 주장하였지만 링컨의 생각은 달랐다.

"노예제도는 나쁜 것이고 언젠가는 없어져야 할 수치스러운 제도이지만 강압적으로나 급하게 이 제도를 없애려 한다면 비록 성사되더라도 그 후유증은 감당하기 어려울 것"이라고 믿었다. 그래서 링컨은 설득과 토론을 통한 입법절차를 밟아서 서서히 폐지하는 것이 효과적이며 나아가 노예 소유주들에게도 적절한 보상을 해줘야 한다는 신념을 가졌다.

그는 급진적이고 강제적인 방법은 필연적으로 남과 북의 갈등을 가져오고 나가서는 전쟁까지 벌어질 수 있다고 내다보았다. 당시 미국은 노예제도의 존속을 요구하는 남부와 폐지를 주장하는 북부 사이의 갈등과 마찰이 점차 심각해지는 시기였다.

더글러스와의 "노예제도 논쟁"(Lincoln-Douglas debates)

"분열된 집은 스스로 지탱할 수 없습니다"
House divided against it self can not stand

남북전쟁의 주요 원인은 노예제도[13]를 둘러싼 갈등이었다. 남부는

---

13 노예제도란 인간이 다른 인간을 재산처럼 여기거나 가축처럼 취급하는 것을 말하며 그렇게 취급되는 인간을 노예라고 부른다. 노예는 자유와 권리를 빼앗기고 타인의 소

드레드 스콧 Dred Scott
1795. 1. 1.~1858. 9. 17.

대규모 농장을 바탕으로 면화 재배 등의 농업이 발달했다. 농작물 재배에 따르는 막대한 노동력을 충당하기 위해서는 반드시 노예가 필요했다. 반면 북부는 상공업이 발달해 교육을 받은 임금 노동자가 필요했지만 노예의 필요성은 상대적으로 적었다.

남부와 북부의 갈등은 드레드 스콧Dred Scott이라는 흑인이 자신의 신분은 자유인이라고 주장하며 소송을 제기하면서 본격화되었다. 그는 자신의 주인을 따라서 지방을 다녔는데 당시 머물렀던 일리노이와 위스콘신주가 자유주였기 때문에 그때 이미 자유인 신분이었음을 주장하고 지금 머물고 있는 노예제도가 합법화된 미주리주에서도 그 신분을 유지시켜 달라는 요청이었다.

이 소송은 대법원에서 최종 판결이 났는데 '흑인은 연방시민이 아니기 때문에 재판을 청구할 자격이 없다'는 내용이었다. 이 판결로 인해 노예제도를 둘러싼 갈등은 더욱 심해졌고 점차 남과 북은 돌아올 수 없는 다리를 건너게 되었다. 이 사건은 '드레드 스콧 판결Dred Scott Decision'로 훗날 역사에 기록되었다.

유물이 되어 인간으로서의 모든 권리를 박탈당했다. 노예제도는 인류가 시작된 이래 성행했으나 근대 시대에 이르러 천부인권 사상에 따라 점차 줄어들었고 오늘날에는 완전히 사라졌다. 링컨이 생존하던 시기에는 미국에서 노예제도가 존재하고 있었다.

도화선은 이것만이 아니었다. 1852년 한 권의 책이 출간되었다. 흑인들의 비참한 현실에 분노를 느끼던 해리엇 비처 스토Harriet Beecher Stowe 부인이 특정 주에서 다른 주로 도망간 노예의 반환을 규정한 도망노예법Fugitive Slave Law이 의회에서 통과되자 정의감에서 책을 펴냈는데, 바로 《톰 아저씨의 오두막Uncle Tom's Cabin》이다. 노예제도의 비극성을 잘 묘사한 이 책은 커다란 반향을 일으키며 종국에는 남북전쟁이 일어난 계기 중의 하나가 되었다.

해리엇 비처 스토 여사
Harriet Beecher Stowe
1811. 6.14.~1896. 7. 1.

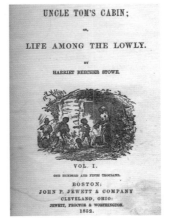

톰 아저씨의 오두막
Uncle Tom's Cabin

이처럼 미국 사회의 가장 큰 이슈였던 '노예제도의 폐지냐 존속이냐' 하는 중대한 기로에서 변호사 링컨은 다시 정치 전면에 나서게 되었다.

1858년 일리노이주 연방 상원의원 선거가 치러졌다. 현직인 민주당 소속 상원의원 더글러스에 맞서 공화당에서는 링컨이 후보로 나섰다. 선거는 더글러스의 승리로 끝났지만 선거 기간 중 벌어진 두 사람의 정치적 토론은 민주 정치의 진면목을 보여주었다.

링컨과 더글러스

　두 사람은 그 당시 최대 쟁점이었던 '노예제도'를 둘러싸고 일진일퇴의 명승부를 펼쳤다. 이 토론을 통해 전국적으로 링컨의 이름이 알려졌고 이를 계기로 대통령으로 가는 길목에 들어서게 되었다.

　먼저 논쟁의 발단을 일으킨 사람은 더글러스였다. 정치적으로 승승장구하며 대통령의 꿈을 키우던 더글러스는 노예제도를 그 꿈을 이루는 방법으로 활용했다.

　노예제도에 관한 법률은 1819년 미주리주가 새롭게 연방에 편입되면서 "미주리주에서는 노예제도를 인정하지만 미주리주의 경계선 밖에서는 노예제도를 금지한다"는 '미주리 협정'이 적용되어왔다. 즉 노예제도는 인정하되 새로운 노예제도는 인정하지 않겠다는 내용이었다.

그러는 동안 노예제도를 실시하는 남부는 반대하는 북부에 비해 인구나 경제력에서 많이 뒤처지게 되어 남부의 주민들은 노예제도가 폐지되지 않을까 하는 심각한 우려를 하지 않을 수 없었다. 그리고 남북 간의 이러한 갈등은 점차 더욱 심해지고 서로가 양보 없는 대치 상황으로 펼쳐졌다.

이러한 시기에 새롭게 연방에 들어오기를 희망하는 캔자스주 Kansas와 네브래스카주Nebraska에서 노예 문제를 어떻게 할 것인지가 관심사가 되었다. 기존 법률에서는 금지되었지만 두 주의 주민들 여론은 노예제도에 대한 찬반으로 갈라졌다.

이때 더글러스가 노예제도에 관한 새로운 법안(캔자스-네브래스카 법안)을 상원에 제출했다. 새로 연방에 들어오는 주의 노예제도 문제는 기존 법을 벗어나 지역 주민들이 원하는 대로 결정되어야 한다는 내용이었다. 이는 노예제도의 확대를 원하는 남부에서 환영할 일이었고 그들의 지지를 얻어 대통령에 당선되겠다는 것이 더글러스의 전략이었다.

더글러스의 법안은 우여곡절 끝에 상·하원에서 통과되었는데 이는 남북전쟁의 불씨를 안고 있었다.

북부의 각 주에서는 연일 법안을 반대하는 군중 집회가 열렸고 그에게 혹독한 비난과 공격을 퍼부었다. 더글러스는 정치적 고향인 일리노이의 시카고Chicago에서도 배척을 당하자 자신의 의견을 당당하게 발표하고자 반대를 무릅쓰고 토론회를 개최했다.

1858년 더글러스는 스프링필드에서 연설회를 개최하고 자신의 주장을 설명하고 훌륭하게 마무리했다. 이때 그 자리에 참석했던 링컨이 사람들에게 내일 이 자리에서 더글러스의 주장에 맞서는 연설을 하겠노라고 알리고 나섰다. 미국 정치사에서 유명한 더글러스-링컨의 노예제도에 관한 토론 맞대결이 펼쳐지는 순간이었다.

이 일이 있기 전부터 링컨은 노예제도 문제가 앞으로 미국 연방 국가의 존립을 좌우하는 문제가 될 것으로 예측하고 새로운 합리적인 해결 방법을 찾기 위한 노력을 기울였다. 그는 도서관에 틀어박혀 오랜 역사적 사실과 노예제도의 실상, 다른 나라의 사례, 그리고 온갖 논쟁에 대한 자료들을 분류하고 연구하며 자신 나름의 방법을 찾으려고 애썼다.

다음날 링컨은 약속한 대로 연설장에 올라갔다. 더글러스도 왔다. 더운 날씨임에도 두 시간 전부터 인파가 몰려 자리를 가득 채웠다.

본능적으로 이 연설의 중요성을 느낀 부인 메리는 링컨의 이미지를 한껏 올리기 위해 새 옷과 넥타이를 준비했지만 더운 실내에 답답함을 느낀 링컨은 넥타이도 매지 않은 채 연단으로 올라갔다. 볼품없는 옷차림과 껑충하게 키만 크고, 멋과는 거리가 먼 못생긴 사나이가 연단에 올랐다. 그러나 외양과는 다르게 링컨은 그날 전국에서 소문을 듣고 몰려온 사람들 앞에서 일생일대의 명연설을 했다.

그 자리의 어느 누구도, 심지어는 링컨 자신도 그날의 연설이 그

가 더 큰 세상으로 발걸음을 옮기고 나아가 불멸의 위인으로 가는 계단에 올라서는 출발점인 줄은 몰랐다.

링컨은 이 연설을 통해 노예제도의 불의를 깊이 있게 비난했고 억압받는 흑인들을 옹호했으며 인간 본연의 도덕성을 내세워 청중들의 마음을 사로잡았다.

'미연방에 새롭게 편입하는 주들에게 노예제도를 금지할 것이냐 말 것이냐'에 대해 "해당 주의 주민이 스스로 결정하게 하자"는 더글러스와 "자유인과 노예는 공존할 수 없다는 건국이념을 비추어서라도 노예제도의 허용은 안 된다"는 링컨의 주장은 정치 토론의 백미를 보여주었다. 더글러스와 링컨이 주장하는 요지는 다음과 같다.

더글러스의 연설

"링컨은 상원의원 후보 지명 수락 연설인 '분열의 집House Divided'에서 이렇게 밝혔습니다. 제가 지금부터 그 연설문 중 일부를 읽어보도록 하겠습니다.

'분열되어 자기 자신을 향해 적대하는 집은 바로 설 수 없으리라는 성경 말씀이 있습니다. 나는 이 정부가 절반은 노예제도를 찬성하고 절반은 반대하는 상태로 영원히 버텨낼 수는 없으리라고 생각합니다. 물론 저는 집이 무너지기를 바라지는 않습니다. 오히려 이 집의 분열이 그치기를 바라고 있습니다. 결국 이쪽이든 저쪽이든 간에 둘 중 하나를 택해야 할 것입니다.

노예제도를 반대하는 사람들은 어떻게든 노예제도가 추가적으로 확산되는 것을 막으려 할 것이고 노예제도가 궁극적으로는 폐지되는 과정에 놓여있다는 신념이 대중 속에 뿌리내릴 수 있도록 노력할 것입니다. 반면에 노예제도 옹호론자들은 기존의 주에서부터 신생 주에 이르기까지, 남쪽에서부터 북쪽에 이르기까지 미국 전역에서 노예제도가 합법화될 수 있을 때까지 끝까지 밀어붙이려 할 것입니다.'

노예제도를 반대한다는 그의 얘기를 듣고 흑인 공화당원들은 아주 좋아하더군요. 하지만 저는 그럴 수 없었습니다. 링컨은 멕시코와의 전쟁을 반대했습니다. 또한 노예도주법을 반대하고 워싱턴에서 노예해방을 주장한 적도 있습니다. 링컨은 백인과 흑인에 대한 모든 사회제도 상의 평등을 주장하며 심지어는 흑인과 백인이 결혼할 수도 있게 하려 하고 있습니다. 링컨의 주장은 사회적인 불안과 충돌을 가져올 수 있는 위험한 발상입니다.

여기서 제가 밝혀둘 것은 제가 통과시킨 캔자스-네브래스카법의 원래 취지는 무엇보다도 미합중국이 자치의 원칙에 따라 자신들의 문제를 그 지역에 거주하는 주민들 스스로 결정하게 하자는 주권재민 Popular sovereignty의 원칙에 충실하자는 것입니다. 미국에 새로 편입되는 주의 지역 주민이 노예제도의 허용 여부를 스스로 결정하게 하자는 것입니다. 저는 주권재민의 올바른 적용이야말로 노예제도로 인한 갈등을 끝내고 북부와 남부의 주들이 평화로운 공존을 되찾을 수 있는 방법이라고 믿습니다."

링컨의 반론

"더글러스 후보는 저를 모함하는 많은 의문과 질문들을 던졌습니다. 하지만 그는 저를 모함하는 자신의 주장들에 대해 아무런 근거를 제공하지 못했습니다. 저는 그의 질문에 대해 분명히 대답하겠습니다. 우선 제가 그동안 취해왔던 정치적 입장 중 일부는 제 개인의 의견이라기보다는 제가 속해 있는 공화당의 입장도 섞여 있다는 점을 밝혀둡니다.

먼저 저는 도주노예법의 폐지를 주장한 것이 아니고 수정을 요구했음을 밝혀 둡니다. 더글러스의 주장은 이렇듯 사실 부분에서 여러 가지로 잘못된 점이 많습니다. 저는 '흑인은 헌법상 연방 시민이 아니기 때문에 재판을 청구할 자격이 없고 노예의 소유는 헌법에 보장된 재산권의 일부로써 보호되어야 한다'는 내용의 드레드 스콧 판결문을 지지했던 더글러스에게 묻습니다. 이 판결문의 법리대로라면 지역 주민 대다수가 노예제도 폐지를 원한다고 해도 과연 가능키나 한 것일까요?

더글러스가 통과시킨 캔사스-네브래스카 법은 그동안 미합중국에서 노예제도가 인정될 수 없는 지역이라고 국가적 합의가 이루어졌던 지역에 다시 노예제도를 도입할 수 있는 길을 여는 행위가 아닙니까? 더글러스야말로 노예제도를 미국 전역으로 확산시키려고 하는 것 아닙니까?

그리고 노예제도가 과연 주정부 자치 차원에서 해결되어야 하는 문제라고 보십니까? 과연 주류법 같은 자치 영역의 문제들과 같은 차원에서 다루어질 수 있는 문제일까요?

친애하는 국민 여러분!

본론에 앞서 먼저 밝혀둘 것이 있습니다. 저와 더글러스가 결코 다투지 않고 기꺼이 합의하는 원칙들이 다수 있습니다. 그중 하나는 모든 주가 자치 문제에 관해 자주적으로 결정할 수 있는 권한이 있다는 그의 주장인데, 저 역시 이에 전적으로 동의하는 바입니다. 그는 제가 이 문제에 관해 그와 아무런 차이가 없다고 거듭 주장했는데도 불구하고 제 견해를 계속 왜곡하고 있지만 이에 관한 제 입장을 다시

한번 분명히 밝힙니다.

그는 '왜 우리 정부가 절반은 노예제도를 찬성하고 절반은 반대하는 상태로 영원히 버텨낼 수는 없는가?'라고 의문을 제기했습니다. 오늘 여러분 앞에서 저의 그와 같은 의견에 대한 이유를 간략히 설명하겠습니다. 그의 또 다른 질문 한 가지는 '왜 건국의 아버지들이 세운 토대를 그대로 놔두지 않는가?'였는데 바로 이 점이 그와 제가 정확히 갈라지는 지점이기도 합니다.

저는 더글러스와 그의 동료들이 우리 건국의 아버지들이 다져 놓은 원래의 건국이념을 훼손했다고 감히 말하고 싶습니다. 더글러스가 우리의 역사적 사실에 대해 대단히 오해하고 있는 점이 있는데, 그건 바로 우리 건국의 아버지들이 노예 매매를 근절시켜서 노예제도의 근원을 차단했으며, 기존의 주 이외에 새로 생기는 주에서만큼은 노예제도를 제한시키는 제도를 채택했다는 분명한 사실입니다.

이러한 점으로 볼 때 건국의 아버지들의 의도는 너무나 명백해서 분별 있는 사람이라면 누구든 그것이 노예제도의 근절을 염두에 둔 포석임을 당연히 알아차릴 수 있을 것입니다. 더글러스는 저더러 왜 건국의 아버지들이 만든 그대로 놔둘 수 없느냐고 물었는데 오히려 제가 그에게 왜 그분들이 만든 대로 놔두지 않았는지 묻고 싶습니다.

하지만 더글러스와 그의 동료들은 이 건국 당시의 정책을 파기시켜버린 후에 미국 전역에까지 영향을 미치는 영구적인 제도로 바꾸어버렸습니다. 그 어디서건 제가 요구하거나 바라는 바가 있다면 그건 오직 우리의 건국의 아버지들이 원래 닦아놓은 법률적 토대로 이를 다시 되돌려야만 한다는 것입니다. 저는 노예제도를 이미 실시하고 있는 지역들에서만 합법화하고 새로운 주들에게로 확산시키지 않도록 제한함으로써 건국의 아버지들이 추구했던 정책으로 다시 되돌리기만 한다면 언젠가는 노예제도가 완전히 사라질 것을 믿어 의심치 않습니다.

저는 이 자리에서 캔자스-네브래스카 주에서 노예제도를 허용하는 것이 주권재민에 관한 문제인 양 본질을 호도하는 것은 자유인과 노예가 공존할 수 없다는 미국 건국이념에 위배된다는 더욱 근본적인 문제의 초점을 흐리는 것임을 분명히 밝혀둡니다."

더글러스의 재반론

"링컨은 건국의 아버지들이 노예제도 폐지를 원했다고 주장했는데 이것이 맞는 말입니까? 과연 그럴까요? 우리 건국의 아버지 중의 하나인 토머스 제퍼슨은 이에 관해 뭐라고 말했을까요? 과연 우리 건국의 아버지들이 링컨의 주장대로 생각했을까요? 미국 건국의 주역은 도대체 누구입니까? 우리 백인 남성들이었습니까? 아니면 흑인들이었습니까? 여러분들은 우리가 흑인들과 동등하게 대우받아야 한다는 링컨의 주장에 찬성하십니까?

솔직히 말하자면 우리 정부는 백인이 주축이 된 건국의 아버지들에 의해 만들어졌습니다. 즉 백인에 의해, 백인의 이익을 보호하고, 백인의 무궁한 번영을 위해 만들어졌으며, 다가올 모든 시대에도 백인에 의한 지배가 이루어질 것을 염두에 두고 세워졌습니다. 링컨의 연설은 일리는 있지만 내전을 부추기는 연설입니다. 링컨이 '드레드 스콧' 판결을 비판하는 이유는 그 자신이 백인과 흑인 간의 인종 평등을 추구하기 때문입니다. 또한 제가 주장하는 주권재민이야말로 우리 건국의 아버지 중의 하나인 토머스 제퍼슨이 꿈꾸었던 지역분권형 정부의 이상을 실현하는 것입니다.

독립선언서의 참여자들이 모든 인간은 평등하다고 선언했을 때, 흑인이나 인디언들은 포함되지 않았습니다.

흑인이 백인과 동등하다고 생각하는 사람들은 심지어 사회적, 정치적, 법적인 평등까지 부르짖고 있습니다. 그런 생각에 동의하신다면 링컨에게 표를 던지십시오. 저는 노예해방뿐 아니라 백인과 흑인의 사회적 통합까지 지지하는 링컨 같은 급진적인 공화당원이 결코 아닙니다.

그런데 참 재미있는 것은 링컨은 북쪽으로만 가면 극단적인 노예해방론자처럼 굴면서 남쪽으로 가면 또 자신이 충실한 휘그당원(공화당의 전신)인 것처럼 주장합니다. 이렇게 링컨은 지역에 따라서 자신의 주장을 이리저리 바꾸는 사람입니다. 링컨처럼 가는 곳마다 주장이 달라져서는 안 될 것입니다. 링컨은 두 얼굴을 가진 이중인격자입니다. 또한 그는 예전에 자신이 경영하던 상점에서 법을 어기고 술을 판

적도 있습니다. 이것은 분명한 불법행위이고, 이렇게 법을 어긴 사람이 상원의원에 당선된다면 이 나라의 법과 질서를 어떻게 바로잡을 수 있단 말입니까? 링컨은 절대로 상원의원으로 당선되어서는 안 될 사람입니다.

마지막으로 밝혀두고 싶은 게 한 가지 더 있습니다. 제가 만든 법안이 반드시 노예해방 반대 입장 쪽으로만 이용되지 않을 수도 있습니다. 노예해방을 원하는 주의 주민들은 지역 경찰법에 노예 소유주가 도망간 노예를 경찰권으로 되찾아올 수 있는 조항을 제정하지 않음으로써 결과적으로 노예제도를 선택하지 않는 효과를 얻을 수도 있을 것입니다."

링컨의 재반론

"더글러스는 저더러 두 얼굴을 가진 이중인격자라고 했습니다. 그런데 그 말은 좀 이치에 맞지 않습니다. 여러분, 생각해보십시오. 만일 제가 얼굴이 하나 더 있었더라면 오늘처럼 중요한 날에 하필 좀더 잘생긴 얼굴을 놔두고 이렇게 못생긴 얼굴로 여기까지 나왔겠습니까?

그리고 더글러스가 제가 술을 팔았다는 얘기를 한 것도 맞습니다. 그런데 정작 제가 가게를 운영하던 때에 제 가게에서 가장 술을 많이 사 먹던 고객이 바로 더글러스였습니다. 그리고 이보다 더 확실한 한 가지 사실은 저는 이미 술을 파는 계산대를 떠난 지 오래 되었지만, 더글러스는 아직도 그 술 파는 가게의 충실한 고객으로 남아 있다는 점입니다.

이제 본론으로 들어가겠습니다. 제가 언제 백인과 흑인 간의 완전한 사회적, 정치적 평등을 주장한 적이 있습니까? 저는 흑인들이 투표권을 갖게 된다거나, 배심원이 된다거나 혹은 공직에 오르고 또 백인과 결혼하는 것까지 지지하는 것은 아닙니다.

독립선언서가 만들어진 이후 불과 몇 해 전까지만 해도 전 세계 어디서도 흑인이 독립선언서에 포함되지 않았다는 주장을 단 한 번도 들어본 적이 없습니다. 독립선언서에 흑인이 포함된 것은 당연한 것으로 받아들여졌습니다. 그런데 3년 전 어느 무렵부터 독립선언서의 '모든 사람'이란 말에 흑인이 포함되지 않는다는 말들이 나오기 시작했습니다. 아, 물론 오해하지는 마십시오. 저는 3년 전보다 훨씬 더 이전부터 노예제도의 우위와 영속성을 정당화하려는 사람들이 있었다는 것도 잘 알고 있으니까요.

그러나 독립선언서에 대한 이러한 공격을 익히 잘 알고 있는 제가 단언컨대, 적어도 3년 전까지는 아무도 감히 그것을 대놓고 공격하는 사람은 없었습니다. 적어도 겉으로라도 믿는 척 가장하는 은밀한 방식이었던 것이 이 무렵부터 독립선언서에 흑인이 포함되지 않는다고 공공연히 주장하기 시작했습니다. 제가 알기로 처음으로 이 이야기를 공개적으로 꺼낸 사람은 드레드 스콧 사건의 수석판사인 테이니였습니다. 그리고 그 다음이 바로 여러분이 아시는 더글러스이며, 아시다시피 그것은 지금 더글러스가 속해 있는 당 전체의 캐치프레이즈가 되었습니다.

또한 더글러스는 제 주장이 가는 곳마다 달라진다고 하는데 제 연설문은 아시다시피 언론에 여러 차례 보도가 되었기 때문에 여러분이 직접 비교를 해보시면 과연 제 말이 달라졌는지를 확인해보실 수 있을 겁니다.

제가 인종 평등을 추구하는 사람이라고 하셨지요? 네, 맞습니다. 사실 저는 노예해방론자들 못지않게 노예제도를 혐오해 왔습니다. 저는 노예제도 자체가 적법하지 않은 것이기 때문에 싫습니다. 저는 이 제도가 미국이 민주국가로서의 모범을 전 세계에 보이지 못하도록 방해하고 있기 때문에 싫습니다.

노예제도는 자유에 기반을 두는 민주주의 제도의 적이 될 수 있고, 우리를 위선자로 조롱할 수도 있기 때문에 싫습니다. 그것은 우리의 자유의 참된 동반자들이 우리의 진실성을 의심하게 만들 수 있기 때문에 싫습니다.

노예제도를 주장하는 사람들은 독립선언문을 조롱하고 이기심 이외에는 인간에게 적절한 행동 원리가 없다고 주장하면서, 자유에 대한 기본적인 원칙이나 전제들과 대립하도록 우리의 많은 선한 이웃들을 몰아가기 때문에 싫습니다. 노예제도는 정의를 추구하는 인간의 지향과 반대되는 이기심에 기초해 있기 때문에 싫습니다.

미주리 타협안을 배척하고 독립선언문을 무시하고 우리의 지난 모든 역사를 되돌린다 해도 고귀한 가치를 지향하는 인간의 또 다른 본성을 모두 떨쳐버릴 수는 없습니다. 노예제도의 확산이 나쁘다는 도덕적 판단은 누가 가르치지 않아도 인간 심성 깊숙히 자리하고 있으며 앞으로도 계속 생명력을 유지할 것입니다.

자치의 원칙은 옳습니다. 절대적으로 영원히 옳습니다. 그러나 주권재민의 원칙은 이 문제에 관해 적용될 수 있는 사안이 아닙니다. 노예제도에 자치의 원칙이 적용되는 문제는 흑인이 인간인지 아닌지의 여부에 달려 있다고 할 수 있습니다. 흑인이 사람이 아니라면 우리는 이 문제를 자치에 내맡길 수도 있습니다. 하지만 흑인이 인간이라면 그들 스스로를 규율할 수 있는 권리를 막는 것 그 자체가 자치의 원칙을 파괴하는 것이 아닐까요?"

두 사람의 연설내용을 몇 번이고 읽어보아도 쌍방 간의 논리 전개와 주장의 일진일퇴 공방은 감탄을 금할 수 없다.

대조적인 삶을 살아온 링컨과 더글러스는 상원의원 선거를 앞두고 운명적 대결을 펼쳐나갔다. 링컨의 제안으로 이루어진 9차례의 합동연설회는 각 지역에서 열려 전국적인 관심을 불러일으켰고 링컨을 일리노이뿐 아니라 전국적으로 유명한 인물로 만들었다.

링컨과 더글러스 두 사람은 일리노이주 선거구 9곳에서 각각 한 번씩 토론을 하기로 결정했다. 스프링필드와 시카고, 오타와ottawa,

프리포트Freeport, 존즈버러Jonesboro, 찰스턴Charleston, 게일즈버그 Galesburg, 퀸시Quincy, 알톤Alton 순으로 개최되었는데 인근 주에서 도 많은 사람들이 두 사람의 토론에 관심을 가지고 연설회에 참석 하였다. 토론 방식은 첫번째 발표자가 60분간 말하고 상대 발표자 가 90분 반론을 가지고 나머지 30분은 첫번째 발표자가 답변을 하 는 형식이었다.

작은 거인이라고 불리는 더글러스는 키가 150센티미터를 겨우 넘었지만 젊은 시절부터 야망에 불타 끝없는 노력과 도전으로 승 승장구하던 인물이었고 키가 크고 호리호리한 링컨은 성공보다는 실패를 더 많이 반복하며 한 걸음씩 올라가는 타입이었다. 더글러 스의 빠른 성장에 비해 링컨은 훨씬 늦었지만 그래도 자신의 노력 에 의해 한 걸음 한 걸음 자신의 활동반경을 넓혀나갔다.

연설회를 다니면서 더글러스는 마차를 타고 기세등등하게 사람 들을 동원하며 나타났고 링컨은 일반 열차를 타고 손수 가방을 들 고 조용히 등장했다. 더글러스는 청중을 흥분하게 만드는 열광적 인 연설을 했고 링컨은 가슴을 울리는 호소를 했다. 더글러스는 당 시에는 승리와 성공을 움켜잡았지만 영광은 잠시 뿐이었고 링컨은 나중에야 승리를 쟁취했지만 그 승리는 역사에 남았다.

상원의원 선거가 더글러스의 당선과 링컨의 패배로 끝났을 때 일리노이 신문에 다음과 같은 기사가 실렸다.

에이브 링컨 씨는 일리노이주에서 출마했던 정치인 가운데 분명 가장 불운한 사람이라 할 수 있다. 정치와 관련된 일에는 어떤 것이든지 실패할 운명을 가지고 있는 사람처럼 보인다. 그는 보통 사람 같으면 완전히 몰락해버리고 말았을 정치적 실패를 번번이 겪고 있다.

Saved America

미국을
구하다

대통령으로

상원의원 선거운동이 한창일 무렵 기차를 기다리던 링컨은 옆에 있던 기자에게 다음과 같이 말했다.

> "우리 집사람이 나더러 상원의원이 되고 그 다음엔 대통령이 되어야 한다고 고집이란 말이야. 좀 생각해보게. 나 같은 머저리가 대통령이라니."

이처럼 링컨은 자기 자신은 대통령이 될 자격이 없다고 생각했어도 링컨을 아는 많은 사람들은 링컨을 대통령 자격이 되는 인물이라고 생각했다.

평생 어려운 환경에서 살아오며 그가 보여준 놀라운 행적 그리고 많은 만남과 연설을 통해 자연스럽게 드러나는 솔직함과 부드러움 속에 감추어진 단호함, 온건적인 노예제도의 해결정책과 입장, 아울러 하층계급 출신의 노력가라는 것을 각인시켰다. 무엇보다 그는 "인간에 대한 선의(Good Will)"를 가진 사람이었다. 그러하기에 은연중 많은 사람이 마음속으로 대통령 링컨을 생각하고 있었다. 오직 링컨 자신만 몰랐을 뿐이었다.

1861년 제16대 대통령 선거가 다가오자 1860년부터 각 당에서는 대통령 후보를 선정하는 작업에 들어갔다.

민주당은 더글러스 법안으로 인한 갈등으로 당이 분열되어 북부 민주당의 스티븐 더글러스와 남부 민주당의 존 브레킨리지John Breckinridge 두 명의 후보가 출마하면서 표가 분산되어 공화당 후보가 된 사람이 대통령이 될 가능성이 높아졌다.

그러나 19년이나 정치적으로 참담한 실패를 거듭해온 링컨이 극적으로 공화당의 대통령 후보로 선출되리라는 걸 예측한 사람은 아무도 없었다. 심지어 링컨도 이러한 운명을 전혀 알아채지 못했다.

공화당 후보지명전이 열리자 지지자들은 링컨에게 지명전에 나설 것을 요청했다. 부인 메리는 더욱 극성스럽게 요구했다. 패배가 분명하게 예상되었지만 링컨은 출마를 결정하고 당에 보낼 자기소개서를 다음과 같이 적어서 제출했다.

나는 1809년 2월 12일 켄터키주 하딘군에서 출생했다. 나의 부모는 모두 버지니아주의 이름 없는 집안, 아마도 내가 굳이 말하자면 이류 집안에서 태어났다. (…) 나의 할아버지인 에이브러햄 링컨은 버지니아주 로킹엄군에서 1781년경 또는 1782년에 켄터키주로 이주했고, 그는 1년이나 2년 뒤에 인디언들에게 피살되었다. 전투 중에 피살된 것이 아니라, 숲을 개간해서 농토를 만들려고 일하는 도중에 기습을 당한 것이다. 그의 선조들은 퀘이커 교도인데 펜실베니아주에서 버지니아주로 이전했다.

조부가 돌아가실 때 나의 아버지는 여섯 살에 불과했고, 문자 그대로 아무런 교육을 받지 못하고 자랐다. 그는 내가 여덟 살 때 켄터키에서 현재의 인디애나주 스펜서군으로 이전했다. 우리는 그 주가 연방에 편입될 무렵 그곳에 도착했다.

그곳은 지금도 곰과 다른 야생동물이 사는 거친 숲속이었다. 나는 거기서 자라났다. 거기 소위 학교라고 하는 것이 몇몇 있었지만 '읽기', '쓰기', '산술' 이외에 다른 자격은 선생에게 요구되지 않았다. 라틴어를 아는 나그네가 우연히 인근에 머물면 사람들이 그를 마법사처럼 우러러보았다. 그곳에는 교육에 대한 야망을 자극할 만한 것이 전혀 없었다.

물론 나는 나이가 들어서도 아는 것이 별로 없었다. 그렇지만 어쨌든 나는 '읽기', '쓰기', '산술'을 할 수 있었는데, 그것이 전부였다. 그 후로 나는 학교에 다닌 적이 없다. 약간 내가 더 보탠 것은 필요의 압력을 받아서 가끔 주워 모은 것이다.

나는 농장 노동을 하도록 양육되었고, 그 일을 22살까지 했다. 21살 때 일리노이주 메이컨군으로 이전했다. 그런 다음, 당시에는 생거먼군에, 지금은 메너드군에 소속된 뉴살렘에 갔다. 거기서 나는 1년 동안 어느 상점의 점원으로 지냈다.

그런 다음, 블랙호크 전쟁이 벌어져서 나는 민병대의 중대장으로 선출되었다. 그것은 내가 그 이후에 얻은 그 어떠한 기쁨보다도 더 큰 기쁨을 준 성공이었다.

그 다음에는 선거운동에 참여했고 그 해(1832년)에 주 하원의원 후보로 지명되어 패배했다. 그것은 내가 국민에게 패배한 유일한 경우였다. 2년마다 실시된 그 이후의 선거에서 나는 네 번 연속으로 당선되었다.

주의회에서 활동하는 이 기간에 나는 법을 공부했고 변호사 활동을 하기 위해 스프링필드로 이사했다. 1846년에 나는 연방 하원의원으로 한 번 당선되었다. 재선 후보는 아니었다. 1849년부터 1854년까지 변호사 활동을 종전보다 더 열성적으로 수행했다.

정치에 있어서는 언제나 공화당 당원이었고 대개 공화당 지지표를 얻었으며, 활발한 선거운동을 했다. 나는 미주리 타협의 철폐가 나를 일깨울 때까지 정치에 대한 관심을 잃고 있었다. 그 이후에 내가 한 일은 매우 잘 알려져 있다.

나 자신에 관한 나의 묘사를 원한다면, 나는 키가 커서 거의 1미터 90센티나 되고 몸집은 마른 편이며, 몸무게는 평균 81킬로이고, 얼

1860년 시카고 공화당 전당대회 장소 표지석. 링컨이 공화당 대표로 선출된 내용이 기록되어 있다.
Chicago Landmark in Sauganash Hotel

굴색은 검은 편이고 머리카락은 검고 거칠며, 눈동자는 회색이라고 말할 수 있다. 다른 반점이나 특징은 없다.

이처럼 자기 소개서(이력서)에서 다른 정치인들과는 다르게 자신을 미화하거나 변호하는 일체의 내용을 담지 않았다.

이 자기 소개서는 링컨의 진솔한 인격을 보여주는 증거로 오늘날까지 전해진다.

1860년 5월 18일 목요일 시카고에서 열리는 공화당 전당대회에서 대통령 후보 자리는 뉴욕 출신의 '윌리엄 수어드William H. Seward'

윌리엄 H. 수어드
William H. Seward
1801. 5. 16.~1872.10.10.

샐먼 P. 체이스
Salmon P. Chase
1808. 1. 13.~1873. 5. 7.

에드워드 베이츠
Edward Bates
1793. 9. 4.~1869. 3.25.

상원의원이 차지할 것이라는 게 모든 언론이나 사람들의 예측이었다. 그 외에도 오하이오 주지사 샐먼 체이스Salmon P. Chase와 에드워드 베이츠Edward Bates 판사도 선두 그룹에 존재했다. 그들은 모두 링컨에 비해 재산·학력·경력 등에서 한참 앞서 있었다. 모든 후보가 링컨을 경쟁상대로 여기지 않았다.

그러나 하늘은 기적을 준비했다. 승리를 자신한 수어드는 공교롭게도 자신의 59번째 생일날 열리는 전당대회에서 공천을 받아 대선을 거쳐 백악관으로 가는 희망에 부풀어 있었다. 상원의원인 수어드는 대통령 출마를 앞두고 동료 의원들에게 고별인사를 하고 가까운 유력인사들을 모아 거창한 생일파티를 열었다. 지나친 자만심이었다.

예정대로 목요일 밤에 전당대회가 열리고 예측대로 수어드의 후보지명과 동시에 축포가 발사되었다면 미국의 역사는 달라졌을 것이다. 그런데 예측하지 못한 상황

이 발생하며 역사는 전혀 다른 방향으로
흘러갔다.

호레이스 그릴리
Horace Greeley
1811. 2. 3.~1872.11.29.

투표용지가 도착해야 투표가 진행되는
데 투표용지가 제시간에 도착하지 않았
다. 시간이 흐를수록 실내는 덥고 숨이 막
힐 지경이었고 모기들이 날아다니며 사람
들을 괴롭혔다. 사람들이 웅성거리는 중
에 이윽고 한 사람이 다음날 아침 10시에 다시 모여 투표하자고 제
안했고 의견이 통과되었다.

그로부터 17시간 후 전당대회가 다시 소집되었다. 그러나 밤사이
에 상황이 반전되었다. 수어드의 오랜 지지자였던 언론인 호레이스
그릴리Horace Greeley가 상황 반전의 주인공이었다.

그는 자신이 그동안 도왔던 수어드가 자신을 무시하거나 요청을
묵살하는 것을 마음속에 쌓아두었다가 이날 밤 멋진 복수를 했다.
그는 '뉴욕 트리뷴New-York Tribune'이라는 영향력 있는 신문의 사주
였으며 무엇보다도 그의 활력있는 연설은 사람들을 경청하도록 만
들었다.

그는 수어드의 모든 문제점을 일일이 열거해가며 혹독하게 비난
했다. 그를 따르는 사람들도 여기에 가세했다. 수어드의 치부가 드
러나고 대의원들은 동요했다.

이러한 상황 전개에 링컨의 지지자와 동지들은 천재일우의 기회

로 삼아 '나무꾼 대통령 후보' 링컨이 가진 장점을 적극적으로 알리며 지지를 호소했다. 그가 자수성가한 사람이라는 것도 장점이 되어 활용되었다. 또한 평소에 친절하고 정직하며 적을 만들지 않는 성품이 링컨을 적극적으로 반대하는 사람이 없도록 만들었다. 링컨과 그의 지지자들의 선거운동 원칙도 '그 누구도 공격하지 않는다'였다. 거기에다 링컨이 알려지지 않은 새로운 인물인 점도 점수를 더해 주었다.

대의원들은 적이 없고 당선 가능성이 높은 후보가 누구인지 생각하기 시작했다. 대의원들의 마음이 서서히 그러나 확실하게 링컨쪽으로 돌아서기 시작했다. 시카고에 있는 자발적이고 열성적인 선거운동원들과 링컨과 오래 생활하며 그의 열렬 지지자가 된 데이비스 판사를 비롯한 지인들과 그가 평소에 공을 들인 링컨을 열렬히 지지하는 대의원들은 이 기회를 틈타 밤낮을 가리지 않고 흔들리는 대의원들을 설득했다.

금요일 아침에 마침내 투표가 시작되었다. 233표를 받으면 공화당 대통령 후보로 선출되는 상황에서 1차 투표는 수어드 173.5표, 링컨 102표, 체이스 49표, 베이츠 48표를 받았다. 꼴찌일 것으로 예상했던 링컨의 2위 도약은 참석자들을 흥분과 긴장 속으로 몰아갔다. 2차 투표가 진행되고 수어드 184.5표, 링컨 181표로 근접했다.

3차 투표는 두 사람만의 대결로 이뤄졌다. 링컨이 231.5표를 얻어 당선 투표수에서 단 1.5표 모자란 상황이 되었다. 이 긴장된 순간에

4표를 가진 오하이오주 대표가 자리에서 일어나 링컨에게 표를 주겠다는 극적인 발표를 했다. 누구도 예상 못한 링컨의 승리였다.

뜻밖의 상황 전개에 링컨을 지지하던 사람들은 흥분의 도가니에 빠졌다. 그들은 기뻐서 제자리에서 뛰며 눈물을 흘리며 기쁨의 고함을 질렀다. 링컨 지지자였던 레너드 스웨트Leonard Swett는 그때를 다음과 같이 회고했다. "우리처럼 열심히 노력한 이들은 없었다. 그곳에 일주일 머무는 동안 나는 하루에 두 시간도 자지 못하고 뛰어다녔다."

스프링필드에서 결과를 기다리던 링컨은 사무실에 출근했지만 마음은 온통 개표결과에 쏠려있었다. 그는 전신국의 소식을 애타게 기다렸다. 이윽고 교환원이 링컨에게 달려오면서 "링컨 씨, 공천을 축하드립니다"라고 외쳤을 때 링컨은 숨을 쉴 수조차 없었다. '나무꾼 대통령 후보 링컨'은 19년의 참담한 실패 끝에 비로소 하늘이 준비한 극적인 성공을 거두게 된 것이었다. 그는 축하하는 사람들을 비집고 공천 소식을 애타게 기다리는 아내 메리에게 달려갔다.

그즈음 13살 소년 한 명이 1860년 링컨의 대통령 선거운동 선전물을 열차에서 파는 아르바이트를 했다. 그는 훗날 위대한 발명왕으로 불리는 토마스 에디슨Thomas A. Edison이었다.

이즈음 링컨은 뉴욕 웨스트필드에 사는 11살의 어린 소녀 그레이스 베델Grace Bethel로부터 턱수염을 기르면 더 좋은 인상을 가질 수 있다는 편지를 받았다.

그레이스 베델
Grace Bethel
1848. 11. 4.~1936. 11. 2.

친애하는 제 아버지께서 박람회를 다녀오신 후에 당신의 사진과 햄린 씨의 사진을 가지고 오셨습니다. 저는 11살밖에 안 된 어린 소녀지만, 당신이 미국의 대통령이 되기를 매우 원합니다. (중략) 제게는 네 명의 형제가 있고 그들에게 당신을 지지한다는 뜻을 밝힐 겁니다. 당신이 수염을 기른다면 말이죠. 당신의 얼굴이 너무 야위어 보여 수염을 기른다면 훨씬 부드러운 인상을 줄 것입니다. 모든 숙녀들은 수염을 좋아하기에 그들이 남편들을 부추겨 당신을 위해 투표하면 당신은 결국 대통령이 될 것입니다.

– 그레이스 베델

편지를 본 링컨은 다음과 같은 답신을 보냈다.

친애하는 어린 소녀에게

너의 유쾌한 편지는 잘 받았단다. 나에게 딸이 없는 게 유감이구나. 나는 아들이 셋인데 열일곱 살, 아홉 살, 그리고 일곱 살이란다. 아들 셋과 그들의 어머니가 내 가족 전부이지. 턱수염에 관해서 말하자면, 나는 수염을 전혀 길러본 적이 없기 때문에 내가 지금 기르기 시작한다면 사람들이 그것을 어리석은 과시용의 행동이라고 부를 것이라고 생각하지 않니? 나는 너의 참된 친구이자 너의 행복을 진심으로 기원하는 사람이란다.

　　　　　　　　　- A. 링컨으로로부터.

　편지에는 수염을 기른다는 표현
은 없었지만 이즈음부터 링컨은
후대 사람들에게 익숙한 턱수염을
기르기 시작했다.

수염을 기르기 전과
수염을 기른 후의 링컨

　1860년 11월 6일 치러진 16대 미국 대통령 선거처럼 결과가 분명
하게 예측된 선거는 없었다. 공화당은 링컨 한 사람이었지만 상대
당들은 둘로 갈라져서 총 세 명의 후보가 나섰다. 링컨은 상대적으
로 적은 표를 얻고도 대통령에 당선되었다. 링컨은 190만 표, 차점
자 더글러스는 140만 표를 얻었다.

　그러나 남부는 링컨에게 표를 주지 않았다. 앨리바마, 아칸소, 플
로리다, 조지아, 루이지애나, 미시시피, 노스캐롤라이나, 테네시, 텍
사스 주가 모두 링컨에게 등을 돌렸다. 남부 지방에서는 노예제도
반대론자로 인식된 링컨에 대한 불안감과 적대감이 고조되었다.

　대통령 선거를 전후해 노예제도를 둘러싼 남북 간의 갈등이 격
화되었다. 미국 연방이 영국으로부터 독립된 이후 가장 심각하게
분열의 파열음을 내기 시작했다. 대통령에 당선되고 취임할 때까지
의 4개월이 신임 대통령 링컨에게 가장 힘든 기간이 되었다.

민주당 계열의 언론사에서는 악의적으로 '나무꾼 출신'이며 '삼류 시골 변호사'인 대통령 당선자에 대해 모욕적인 기사를 연이어 올렸고 같은 공화당 내에서도 반대파들은 대통령으로서의 자격에 의심을 품고 비난했다. 훗날 20대 대통령이 된 같은 당 소속인 제임스 가필드James A. Garfield 오하이오주 상원의원은 "일리노이의 이류 변호사가 신의 도구로 쓰이다니 세계 역사상 가장 뜻밖의 사건이네"라고 조롱했다.

그러나 다른 주장도 나왔다. '뉴욕 트리뷴'은 링컨을 이렇게 평했다.

"오직 타고난 재능과 노력만으로 가난하고 교육받지 못한 너벅선 뱃사공에서 벗어나 지금 이 위치에 올라선 링컨 씨가 쓸모없는 사람일 리 없다."

당선자 링컨은 스프링필드 자택에서 머물며 눈앞에 닥친 심각한 연방의 분열과 차츰 커지는 전쟁의 위기를 해결할 방법을 찾기 위해 모든 노력을 기울였다. 그는 많은 사람을 만나 그들의 의견을 듣고 함께 고민했다. 심지어 그는 대통령직을 사직하라는 충고까지 들어야 했다.

링컨의 반대편에 서 있는 많은 사람이 당선자에게 노예제도를 지지하고 남부의 주장을 받아들여야 한다고 요구했다. 그러나 링컨은 단호하게 거절하고 맞서 싸울 것을 결심했다. 그는 자신이 굴복

한다면 잘못된 제도는 존속될 것이고 결국은 미국 연방의 해체뿐이라고 판단했다.

오랜 기간 심사숙고한 끝에 내린 링컨의 결정은 변하거나 흔들리지 않았다. 그는 방법은 바꿀지라도 목적이나 원칙은 변함이 없는 사람이었다.

링컨이 모든 사람의 예측을 깨고 공화당 대통령 후보 공천을 받아 대통령에 당선되었을 때부터 그의 경쟁자들은 모두 '사람을 잘못 뽑았다'고 판단했다. 그들은 자격도 자질도 없는 사람이 우연히 운이 좋아 대통령 자리까지 온 것으로 생각했다.

링컨이 가진 단 한 번의 하원의원 경력과 상원의원 낙선은 그것을 증명하는 증표요, 엄연한 과거였다. 그들이 링컨이 가진 내면의 비범함을 보지 못했기에 그런 판단을 하는 것은 당연했다.

적임자가 누구냐?

Who is the right person?

링컨이 당선된 후 처음 내각을 조직하면서 그의 통치관과 인사 정책 그리고 정치 철학이 가진 자신감과 관대함이 세상에 나타났다. 대통령 후보 경쟁자였던 수어드를 국무장관, 체이스를 재무장관, 베이츠를 법무장관에 임명한 것이다. 그뿐이 아니었다. 상대당인 민주당에서도 능력 있는 사람들은 장관으로 임명했다. 기드온 웰스 Gideon Welles는 해군장관, 몽고메리 블레어Montgomery Blair는 우정장관, 시몬 카메론Simon Cameron은 국방장관(전쟁장관)이 되었다.

모든 사람이 링컨의 장관 임명 내용에 놀랐다. 더구나 카메론 장관이 비리 혐의로 물러나자 남북전쟁의 실무를 총괄하는 가장 중요한 전쟁장관에 링컨과는 오랜 악연인 에드윈 스탠턴Edwin Stanton을 임명했다. 링컨에 대해 악평과 조롱을 퍼붓고 비난하던 가장 대표적인 사람을 장관에 임명하는 것을 보고 사람들은 믿을 수가 없었다.

이처럼 링컨이 임명한 장관들은 대부분 그의 경쟁자이거나 그를 비방했던 사람 그리고 반대당인 민주당 인물로 채워진 이상한 정부였다. 그러나 그들은 함께 일하면서 대통령 링컨이 가진 내면의 비범한 재능을 인식하게 되었다. 착하기는 해도 무능할 것이라는 자신들의 생각이 얼마나 큰 잘못인가를 깨달았다. 시간이 흐를수록 대통령이 비전과 관용을 갖춘 '완벽한 리더'라는 것이 분명해졌다. 링컨은 이들에게 장관 임명을 공식 통보하기 전에 친절하고 정중한 편지를 직접 써서 미국을 위해 함께 일하자고 간곡하게 호소했다. 걱정하거나 망설이는 사람은 직접 찾아가 그의 진심을 알렸다.

미국 대통령으로 그의 마음 속에는 우리편 상대편의 편가르기가 자리잡을 틈이 없었다. 오직 미국을 위해서 대통령의 직무를 수행하는데 '적임자가 누구냐'하는 마음 뿐이었다.

이러한 링컨의 끝없는 화해와 포용 정신은 말이 아닌 행동과 실천으로 죽는 날까지 계속되었다. 그의 이러한 정치 철학은 인사원칙에서 극명하게 드러났다.

링컨은 자신과 함께 일하는 내각을 조직할 때부터 편을 가르지 않았고 친분이나 과거의 감정을 근거로 장관 임명을 하지 않았다. 선정 기준은 오직 '적임자가 누구냐'였다. 후보자가 가진 능력과 열정 그리고 국가에 대한 충성도 뿐이었다.

그러나 이러한 진심을 알지 못하는 장관이나 책임자들은 내심 자신들이 시골 출신의 대통령보다 뛰어난데 하늘이 기회를 주지 않았을 뿐이라고 생각하는 사람들이었다. 대통령 취임 초기에 그들은 대통령을 무시하거나 가볍게 대하는 일을 서슴지 않았고 그들 스스로도 대립각을 세웠다.

특히 대통령 후보 경선에서 유력한 승리자로 예측되었다가 하룻밤 사이에 패배자로 전락한 수어드는 국무장관직을 수행하면서 초기에는 대통령의 상전처럼 링컨을 무시하고 오만한 언행을 일삼았다.

성격 강한 부인 메리가 참지 못하고 수어드의 장관직 해임을 강력하게 요구했지만 링컨은 이렇게 대답했다.

"나 혼자서는 이끌어나가지 못하지만, 그렇다고 수어드가 이끌도록 하진 않겠소. 나를 이끄는 통치자는 나의 양심과 하나님뿐이며, 내 밑에 있는 이 사람들도 앞으로 그걸 배워나갈 거요."

이런 수어드 장관도 얼마 되지 않아 링컨의 감추어진 진면목을 보고는 자신의 부인에게 보낸 편지에 이런 구절을 적어 보냈다.

"대통령의 관대함은 하나님과 가깝고 그의 자신감과 능력은 나날이 늘어가고 있소."

"역시 대통령이 우리 모두보다 훌륭해."

수어드 장관뿐만이 아니었다.

체이스 재무장관은 링컨의 모든 면, 심지어는 유머 감각조차도 경멸했다. 그는 자신이 서열 3위의 재무장관밖에 위치하지 못한다는 사실을 인정하지 않았다. 그는 다음 대통령 선거에서 당선되어 링컨의 자리에 앉겠노라고 계획을 세우고 끊임없이 대통령의 약점과 험담을 늘어놓고 다녔다.

체이스는 링컨 앞에서는 자제하고 겸손한 척했지만 링컨이 없을 때는 비열하고 야비한 공격을 해댔다. 링컨이 이를 모를 리 없었다. 그러나 그는 다음과 같이 말했다.

"체이스는 아주 능력이 있는 사람입니다. 하지만 대통령직에 관한 한 약간 제정신이 아닌 듯 보입니다. 최근에 한 그의 행동이 아주 좋지 않다고 사람들이 저에게 말하면서 '이제 그를 뭉개버릴 때'라고 하더군요. 그런데 저는 어느 누구도 뭉개버리는 것을 좋아하지 않습니다. 만약 어떤 이가 잘할 수 있는 일이 있고 그것을 잘 수행해낸다면 계속 그 일을 하게 놔두겠습니다. 그래서 저는 그가 재무부의 수장으로서 임무를 수행하는 한 백악관을 열심히 공격한다 해도 제 눈을 감고 말겠다고 다짐했습니다."

링컨 인사정책의 백미는 국방장관(전쟁장관) 임명이었다. 처음 장관을 맡은 카메론이 군납품 비리로 물러나자 그 자리에 민주당 당원이자 지독한 링컨 대통령의 반대파인 에드윈 스탠턴을 임명한 것이었다.

스탠턴은 직설적이고 강직한 사람이었다. 그는 변호사 출신으

에드윈 M. 스탠턴 장관
Edwin M. Stanton
1814.12.19.~1869.12.24.

로 오래 전부터 링컨이 알고 있던 인물이었다.

링컨은 대통령에 당선되기 훨씬 전인 1855년 여름 '수확기 소송사건[14]'으로 불리는 유명한 소송에 합동 변호인단의 일원으로 참여했다. 신시내티Cincinnati에서 열린 소송에 참여했던 시카고의 일류 변호사 스탠턴은 팀에 합류한 시골 변호사 링컨을 처음 보고 경악했다. 짧게 올라간 바지, 낡은 우산과 가방을 손에 든 볼품없고 바싹 마른 키다리 촌놈 행색의 링컨을 본 스탠턴은 옆에 앉은 변호사에게 "왜 저 긴팔원숭이를 끌어들인 거요?"라며 화를 냈다.

그는 심지어 반공개적으로 다음과 같이 링컨을 심하게 공격도 하였다. "여러분, 우리는 고릴라를 만나기 위해 구태여 아프리카로 갈 필요가 없습니다. 일리노이주 스프링필드에 가면 링컨이라는 고릴라를 바로 만날 수 있습니다."

오하이오 출신으로 캐니언 대학을 졸업한 그는 당시 이미 이름난 변호사였지만 링컨은 학력도 재산도 없는 보잘것없는 변호사였

---

14 The McCormick-Manny Case(매코믹-만니 소송사건) : 곡물 수확기 회사인 매코믹이 경쟁상인 만니를 상대로 만니가 매코믹의 특허권이 있는 농기계를 불법복제하였다고 소송하며 40만 달러의 손해배상을 청구했다. 이 재판에서 링컨과 스탠턴은 만니 사의 변호인으로 참여한다.

다. 링컨은 야윈 얼굴에 주름투성이고 키는 크고 어깨는 구부정하며 양팔은 길었다.

스탠턴이 학력이나 가문 심지어 외모까지 형편없는 링컨을 무시하는 것은 당연했다. 더구나 그런 링컨이 대통령에 당선되자 그는 더욱 혹독한 비판을 일삼았다. 하류층 인간이며 형편없는 시골뜨기 정치인이라는 것이 민주당 출신인 스탠턴이 링컨에게 향한 비판의 주된 내용이었다.

그러나 그해 4월 남북전쟁이 벌어지고 전쟁장관이 비리로 물러나면서 후임 장관 임명이 중요한 과제로 떠올랐을 때 링컨은 서슴없이 상대당인 민주당의 스탠턴을 지명함으로써 주변을 경악하게 만들었다. 주변에서 그의 결정을 만류하며 번복을 요구했을 때 링컨이 답했다.

"스탠턴만한 장관을 데려오세요. 그러면 그 사람을 쓰겠습니다."

링컨의 마음속에는 예전에 받았던 무시와 모욕의 상처는 없고 오직 가장 훌륭한 장관 직무 수행자로서의 스탠턴만 존재했다. 모욕을 당한 일은 자신의 개인적인 일이고 나라의 일은 나라의 일이니 최고의 적임자를 뽑아야 한다고 믿는 사람이 링컨이었다.

장관직 제의를 받은 스탠턴은 당혹스러웠지만 그 자신의 표현대로 '오직 나라를 구해야만 한다'는 생각으로 장관직을 수락했다.

그 이후 시간이 흐를수록 두 사람의 관계는 믿을 수 없을 만큼 절친한 친구이자 동반자의 관계로 발전했다. 그들은 완벽한 협력 아래 전쟁 초반의 어려움을 무릅쓰고 결국은 남북전쟁을 승리로 이끌었다.

두 사람 만큼 대조적인 사람도 드물었다. 유머를 즐긴 대통령과 달리 스탠턴은 과묵하기로 유명했다. 대통령이 부드러움과 따뜻함으로 나선다면 스탠턴은 큰 바위 같은 우직함과 한결같은 강직함으로 업무를 처리했다. 그러한 서로의 다른 점이 각자의 단점을 보완했고 자신에게 필요한 존재라는 사실을 두 사람은 시간이 흐를수록 절감했다. 그들의 관계는 갈수록 존중하고 신뢰하는 단계로 나아갔다.

한 하원의원이 추진하는 프로젝트를 지원받기 위해 링컨의 서명을 받고 담당 장관인 스탠턴에게 이행을 요구했으나 스탠턴은 그 자리에서 단호하게 거절하며 "대통령이 바보 같아서 서명한 것 같다"고 쏘아붙였다. 하원의원은 링컨을 찾아가 장관이 대통령의 명령 이행을 거부했고 더 나가서는 바보라고 폄하했다고 일러바쳤다. 이 말을 들은 링컨은 미소를 지으며 말했다.

"스탠턴이 그렇게 말했다면 난 바보가 맞을 거요. 스탠턴은 옳은 판단력을 가지고 있고 진실을 말하는 사람이니까요."

그것뿐이 아니었다. 대통령은 장관에게 전쟁에 관한 전권을 맡겼다. 전쟁 중의 전쟁장관은 최고의 실세이고 모든 서류와 청탁이 집중되었다. 링컨은 매일 산더미처럼 쌓이는 군 관련 서류는 하나하나 유심히 살피고 챙겼다. 그러나 스탠턴 장관이 사인한 서류는 그냥 믿고 최종 사인했다. 이러한 링컨의 행동은 스탠턴 장관으로 하여금 더 많은 분발과 충성을 유도했다.

훗날 저격으로 링컨이 죽어가는 순간에도 가장 애통해하던 사람도 스탠턴이었으며 그는 밤새도록 하나님께 대통령의 보호를 기원했다. 이튿날 링컨이 세상을 떠났을 때 그는 링컨의 시신을 붙잡고 울며 외쳤다.

'가장 위대한 사람이 여기 누워있다.
시대는 변하고 세상은 바뀔지라도
이 사람은 온 역사의 재산으로 영원히 남을 것이다.
이제 그 이름 영원하리.'

이처럼 처음에 링컨을 무시하던 장관들의 자세는 점차 존경으로 바뀌어갔다. 대통령 링컨 또한 나쁜 일이 일어나면 각료들의 책임보다는 자신 탓이라고 말할 때가 많았다. 이러한 대통령의 자세는 각료들이 조국에 대한 충성과 대통령에 대한 존경심을 고양시켜 더욱 열성으로 일하도록 분위기가 조성되었다.

남북전쟁
Civil War 1861~1865

링컨이 당선되고 6주 후 남부의 사우스캐롤라이나South Carolina 주가 미국 연방을 탈퇴한다는 성명을 발표했다. 이어서 미시시피Mississippi, 앨라바마Alabama, 플로리다Florida, 조지아Georgia, 루이지애나Louisiana, 텍사스Texas, 버지니아Virginia, 노스캐롤라이나North Carolina, 테네시Tennessee, 아칸소Arkansas주도 뒤를 이어 연방 탈퇴를 선언했다.

제퍼슨F. 데이비스
Jefferson F. Davis
1808. 6. 3.~1889.12. 6.

1861년 2월 그들은 앨라바마주 몽고메리Montgomery에 모여 남부연합 정부를 조직하고 링컨이 취임선서를 하기도 전에 제퍼슨 데이비스Jefferson F. Davis를 아메리카 연합정부의 대통령으로 선출했다.

대통령 당선자 링컨은 지속적으로 남부

측에 화해와 대화의 손길을 내밀었지만 남부 측의 거절로 실패로 끝나고 상황은 악화일로를 치달았다. 링컨은 취임 전에 이미 내전이 일어날 수밖에 없는 현실을 직시했다. 그는 너무나 괴로워 잠을 이루지 못했고 근심과 걱정으로 몸무게는 16kg이나 빠졌다.

물러나는 제임스 뷰캐넌James Buchanan, 1791. 4.23.~1868. 6. 1.대통령은 영리하고 빈틈없어 보였지만 행동이 뒤따르지 않는 겁쟁이였다. 뷰캐넌 대통령은 속수무책으로 둘로 갈라지는 미국의 비극을 바라만 보았다. 더구나 그는 남부의 지지를 받아 대통령이 된 사람이었다.

이제 모든 책임과 과제는 신임 대통령 링컨에게로 떨어졌다.

링컨은 대통령 취임 연설문을 직접 작성했다. 부하나 전문가들이 작성한 원고를 건성으로 읽는 것은 링컨으로서는 용납되지 않았다. 그는 변호사 시절뿐만 아니라 대통령 재임 시에도 연설문 원고는 직접 작성했다. 그가 남긴 주옥같은 연설문은 모두 그의 내면에서 우러나온 작품이다.

대통령 취임연설문을 작성한 후 링컨은 그에게 공부할 기회를 만들어주었던 천사 어머니, 사라를 찾아가 인사했다. 사라는 오두막집에서 불우하게 자란 소년이 자신을 만나 끊임없는 노력으로 역경을 딛고 미국의 대통령이 된 영광을 기쁨과 감격 속에 맞이했다. 그러나 두 사람의 만남은 살아서는 마지막이었다.

그리고 나서 링컨은 백악관으로 짐을 부치고 스프링필드역으로 나가 주민들과 감격적인 작별인사를 나누었다. 그는 주민들의 열화

179

1861년 2월 11일 스프링필드를 떠나며 작별 연설을 했던 연단

여러분에게 애틋한 작별 인사를 전합니다. -링컨의 고별 연설 중에서-

같은 요청으로 오랫동안 그의 울타리가 되어주고 힘이 되어준 사람들 앞에서 다음과 같은 즉석연설을 하며 눈물을 흘렸다. 링컨의 살아온 과정과 고결한 마음을 잘 아는 이웃들의 눈에도 눈물이 고였다.

주민 여러분!

어느 누구도 제 입장이 아니기에 이렇게 떠나는 슬픔을 헤아릴 수 없을 것입니다. 이곳과 여러분들의 친절, 그 밖의 모든 것에 감사드립니다. 저는 젊어서부터 지금 이 나이가 되도록 25년을 여기에서 살았습니다. 제 아이들도 모두 이곳에서 태어났고, 한 아이는 여기에 묻혔습니다. 언제 돌아올지, 또다시 돌아올 수 있을지 기약할 수는 없지만 제 앞에 놓인 중대한 일을 하기 위해 저는 이제 워싱턴으로 떠납니다.

항상 저를 돌보아주시는 하나님의 도움이 없었다면 저는 성공할 수 없었습니다. 저는 하나님의 도움에 힘입어 성공할 수 있었습니다. 하나님이 저와 함께하시며 또 여러분들과 함께하시기에, 그리고 좋은 일에 항상 계시기를 믿기에 모든 일이 잘되리라는 희망을 가집니다. 여러분이 기도하실 때 저를 보살펴달라고 기도하시듯 저 또한 주님이 여러분들을 돌보아주시기를 진실로 바라며 애정을 담아 작별인사를 마칩니다.

제16대 링컨 대통령 취임식 장면

비가 쏟아지는 가운데 사람들의 배웅을 뒤로 하며 신임 대통령 링컨이 탄 열차는 스프링필드를 출발해 인디애나폴리스Indianapolis에서 하루 묵고 신시내티Cincinnati·펜실베니아Pennsylvania·뉴욕New York을 거쳐 자신에 대한 암살 음모의 소문이 나도는 볼티모어Baltimore를 소문 없이 지나 다음 날 새벽 6시 워싱턴 D.C.에 무사히 도착했다.

펜실베니아주 웨스트필드Westfield에서는 자신에게 수염을 기를 것을 권유했던 소녀 그레이스 베델을 만나 볼에 입을 맞추었다.

신임 대통령의 일정은 극도로 긴장된 분위기로 신변 보호를 위해 비밀에 부칠 정도로 정국은 불안했고 나라의 장래는 어두웠다.

미국이 건국 이래 분열과 대립이 가득한 최대의 위기감에 둘러싸인 1861년 3월 4일 무거운 역사적 책임을 어깨에 진 채 링컨은 미합중국 16대 대통령에 취임했다. 아직 공사가 진행 중인 의사당 광장에서 열린 취임식에서 신임 대통령 링컨은 취임 연설을 통해 분열되고 어려워져가는 국가의 미래에 대해 다음과 같은 아름답고 호소력 있는 문장으로 마무리를 장식했다.

"끝을 맺기가 정말 아쉽습니다. 우리는 적이 아니라 친구입니다. 우리는 적이 되어서는 안 됩니다. 비록 이렇게 팽팽하게 맞서고는 있지만 그렇다고 해도 애정의 유대 관계를 저버려서는 안 됩니다. 모든 전쟁터와 애국지사의 무덤에서부터 살아있는 모든 사람의 마음과 가정, 그리고 넓은 대지에 이르기까지 기억의 신비로운 현絃이 다시 튕겨질 때 미합중국은 다시 소리 모아 합창할 것입니다. 반드시 그렇게 될 것입니다. 인간 본성의 '선의'라는 천사에 의해서 말입니다."

그러나 링컨이 대통령에 취임하기도 전에 남부와 북부는 마주 보고 달리는 열차처럼 상대를 향해 폭주했다. 마침내 1861년 4월 12일 남부에 속해 있는 사우스캐롤라이나주 찰스턴Charleston에 있는 북군의 섬터Sumpter 요새를 향해 남군의 대포가 발사되면서 4년간 62여만 명의 희생자와 국토의 30%가 전쟁터로 변한 남북전쟁Civil

남북전쟁의 효시가 된 섬터 요새 공격

War의 막이 올랐다.

　남북전쟁은 역대 미국인이 가장 많이 죽은 전쟁이며 미국이 독립한 이후 일어난 나라가 갈라질 수도 있는 사상 최대의 위기였다. 특히 외국과의 전쟁이 아닌 같은 국가의 내부에서 일어난 내전은 그 상처와 앙금이 깊숙하게 자리 잡아 치유가 쉽지 않고 그 후유증이 오래도록 남는다.

　신임 대통령 링컨이 직면하게된 남북전쟁의 가장 근본적인 원인은 결국 노예제도 존속을 둘러싼 갈등이었고 이 중요한 역사적 분기점에서 링컨은 하늘이 그에게 부여해준 역할을 수행해 나갔다. 그는 누구도 예상하지 못하는 관용과 화해의 리더십으로 미국을 전쟁 이전보다 더욱 강하고 통합된 국가로 재탄생시키는 역할을 감동적으로 수행하여 결국은 오늘날 세계의 중심국가인 미국의 바탕을 마련하였다.

남부 대통령 제퍼슨 데이비스와 지도부는 약해 보이는 링컨이 대통령에 취임하자마자 전쟁을 시작해 초기에 승리를 장악하고자 했다.

로버트 E. 리 장군
Robert E. Lee
1807. 1.19.~1870.10.12.

그러나 그들은 링컨을 과소평가했다. 그들 누구도 링컨의 내면에 숨겨진 불굴의 의지와 지혜 그리고 무엇보다도 큰 힘인 모든 사람을 포용하는 진정한 리더로서의 면모를 보지 못했기 때문에 결국 참담한 패전으로 그 대가를 치러야 했다.

전쟁 초기 북군과 링컨 대통령은 최악의 상황이었다. 북군의 국력이나 병력 그리고 지원하는 자원은 남군에 비해 우세했지만 문제는 지휘하는 장군의 부재였다. 링컨 대통령은 당시 가장 뛰어난 장군으로 평가받고 있던 로버트 리Robert E. Lee 장군에게 총사령관을 맡아줄 것을 요청했지만 리 장군은 그의 제안을 정중하게 거절하고 자신의 고향인 버지니아주가 속한 남군으로 돌아가 총사령관직을 맡았다. 고향인 버지니아를 향해 칼을 뽑을 수는 없다는 것이 이유였다. 당시 미국의 가장 능력 있고 뛰어난 장군이 상대방의 총사령관이 되었다는 것은 북부와 대통령 링컨으로서는 재앙이었다.

만약 리 장군이 처음부터 북군의 지휘를 맡았다면 전쟁은 몇 개월 만에 끝났을 것이다. 당시 남부와 북부는 인구나 물자 부분에서 현격한 차이가 났는데 남부의 900만 인구가 북부의 2,200만을 상대로 전쟁을 4년이나 수행했다는 사실은 그만큼 리 장군의 뛰어난 자질을 보여주는 것이다.

리 장군은 군인 가문의 전통을 이어받아 웨스트포인트West Point 사관학교에 입학해 군인의 길을 걸었다. 온화한 인품과 겸손함은 뛰어난 군인의 자질과 어울려 모든 사람의 신망을 받았다. 그는 남부 출신으로는 드물게 노예제도에 반대하는 양심인이었다.

전투가 시작되자마자 리 장군의 고향 버지니아주가 연방에서 탈퇴하면서 수도 워싱턴도 위기에 빠졌다. 메릴랜드주마저 남부로 들어가면 워싱턴은 남군의 손에 넘어간 것이나 마찬가지였다. 더구나 볼티모어에서 오는 철로가 유일한 공급망인데 그것도 위험에 처했다.

4월 21일 결국 철로가 끊기고 통신도 두절되었다. 워싱턴 함락이 현실화되면 링컨 정부의 운명은 풍전등화에 처할 상황이었다. 그러나 다음 날 북군의 지원부대가 도착함으로써 가까스로 위기를 벗어났다.

전쟁의 초기 상황은 남군의 일방적 우세였다. 뛰어난 전략과 리더십을 지닌 리 장군의 남군은 남북전쟁 초기에 북군을 궁지에 몰아넣으며 승승장구했다.

남부 사람들은 주산업인 농장 경영을 위해서는 노예제도가 필요한데 끊임없이 인권을 내세우며 자신들을 비난하는 북부의 굴레에서 진심으로 빠져나오고 싶었다. 그들은 이 전쟁을 남부의 자유와 번영을 위한 전쟁이라고 믿었다. 생존이 걸린 그들의 단결력은 북부에 비할 바가 아니었다. 그들은 똘똘 뭉쳤고 전쟁에 전력을 다했다. 전쟁 초기에는 이러한 요인들이 더해져서 남부가 유리했다.

　　북부는 계속되는 패전의 수렁에 빠져 힘든 상황에 처했고 내부적으로도 제대로 단결된 힘을 발휘하지 못했다.

　　더구나 링컨이 당선되었을 때부터 기존 상류층이나 지배세력은 링컨을 진정한 대통령으로 바라보지 않았다. 그들은 하층계급의 나무꾼 출신인 '시골 변호사 출신 대통령 링컨'을 내심 비하하거나 경멸하는 태도를 보였다. 하지만 링컨은 그들에게 적대적인 감정을 품기보다는 오히려 화합과 포용 정신으로 그들을 대했다.

　　당선자 링컨이 워싱턴에 도착 후 사흘 뒤 열린 대통령 당선자 환영식장에서 했던 그의 답사는 내면의 진심을 알려준다.

"저를 배출한 계층 사람들과 이곳 사람들 사이에 존재했고 여전히 존재하는 반감의 대부분은 상호 간의 오해에서 나온 것이라고 나는 생각합니다. 그러므로 나를 배출한 계층 사람들에게 품는 호감 이외의 다른 어떠한 감정도 나는 여러분에 대해 품은 적이 없고 또 지금도 품고 있지 않다는 것을 이 기회를 빌어 여러분과 여기 참석한

윈필드 스콧 장군　　어빈 맥도웰 장군　　　존 포프 장군　　　　존 프리먼트 장군
Winfield Scott　　　Irvin Mcdowell　　　　John Pope　　　　John C. Fremont
1786. 6.13.~1866. 5.29. 1818.10.15.~1885. 5. 4. 1822. 3.16.~1892.9.23. 1813. 1.21.~1890. 7.13.

모든 신사분에게 확언합니다.

저는 여러분을 모든 면에서 제 이웃으로 대하는 것과 달리 대할

마음이 전혀 없었고 또 지금도 없습니다.

한 마디로 저는 우리가 좀 더 서로 알게 될 것이라고 확신하지만,

그렇게 될 때 우리는 서로 좋아지게 될 것입니다.”

전쟁 초기 북군 지휘관에 75살의 윈필드 스콧Winfield Scott 장군

을 필두로 어빈 맥도웰Irvin McDowell, 존 포프

John Pope, 존 프리먼트John C. Fremont 장군이 나

섰지만 그들은 남부의 리 장군이나 토마스 잭슨

Thomas J. Jackson 같은 용장의 상대가 되지 못하

고 나가떨어졌다.

　다음 지휘관은 링컨이 기도하는 심정으로 찾

토마스 J. 잭슨 장군
Thomas J. Jackson
1824. 1.21.~1863. 5.10.

아낸 조지 매클렐런George B. McClellan 장군이었

다. 그는 소규모 전투에서의 승리를 과장되게 선전하여 장군 구하기에 급해진 링컨의 마음을 사로잡아 총사령관에 임명되었다.

조지 매클렐런 장군
George B. McClellan
1826.12.3.~1885.10.29.

북부 국민들은 젊은 사령관을 '리틀 나폴레옹'으로 불렀다. 그는 부지런하고 성실했으며 군대를 잘 훈련시키는 사령관이었다. 그가 말을 타고 나타나면 부하들은 환호성을 질렀다. 모두가 그의 승리를 의심치 않았다.

그런데 장군으로서 가져야 할 가장 중요한 성품이 결여된 것이 드러나면서 링컨 대통령의 전쟁 승리에 대한 희망은 절망으로 변했다. 그는 싸움을 두려워하고 회피했다.

링컨과 지휘부가 공격하라고 명령해도 그는 늘 더 많은 군인과 무기를 공급해줄 것을 요청하며 전쟁터에 나가는 것을 미뤘다. 모든 면에서 북군이 유리했지만 싸우는 것을 두려워하는 겁쟁이 지휘관 때문에 전쟁 양상은 나아질 줄을 몰랐다.

거기에다가 매클렐런은 거만하고 무례했다. 그는 공공연하게 링컨을 폄훼하고 정부 내각을 무시하는 언행을 일삼았다. 링컨이 찾아가도 대기실에서 30분씩 대기시키고, 답답한 링컨이 그의 집을 방문해도 몇 시간을 기다린 대통령을 무시하고 침실로 올라가는 행동까지 저질렀다. 메리가 도저히 참지 못하고 그를 해임할 것을 눈물 흘리며 호소해도 링컨은 다음과 같은 말로 부인을 달랬다.

"부인, 나도 그 사람이 잘못하고 있다는 것을 모르지 않소. 그러나 이렇게 어려운 시기에 나의 사사로운 감정만을 생각할 수는 없는 일이오. 매클렐런 장군이 승리만 한다면 나는 기꺼이 그를 곁에 두겠소."

심지어 매클렐런이 전쟁보다는 정치를 통해 다음 대통령이 될 야심이 있다는 것을 사람들이 링컨에게 말하자 그는 이렇게 말했다.

"그가 이 전쟁을 승리로 끝내준다면 나는 기꺼이 이 자리를 넘겨줄 거야."

링컨의 진심어린 소원은 하루라도 빨리 승리로 전쟁을 끝내고 국민을 고통에서 구해주는 것이었다.

링컨이 전쟁의 고뇌에 빠져있는 중에도 겁쟁이 사령관은 전투보다는 병사들을 훈련만 시키고 멋진 사열과 반복되는 연설만 거듭했다.

갈수록 상황이 심각해지자 링컨은 최후 통첩을 했다. 공격하든지 아니면 사임하라는 내용이었다. 매클렐런은 더 이상 머뭇거릴 수가 없게 되자 하는 수 없이 내키지 않는 공격을 시작했다. 리 장군과 휘하 지휘관들은 매클렐런의 전략을 파악하고 소심하고 겁 많은 북군의 장군이 함정에 들어오기만을 기다리고 있었다.

북군이 리치몬드Richmond로 들어올 때까지 기다린 리 장군이 회심의 공격을 퍼붓고 북군을 패퇴시켰다. 이 전투로 1만5천 명의 북군 병사가 죽임을 당했다. 남군보다 월등한 병사와 무기를 가진 군

존 매클러넌트 장군　　윌리엄 로즈크랜스 장군　　앰브로즈 번사이드 장군　　나다니엘 뱅크스 장군
John A. Mcclernand　　William Rosecrans　　Ambrose E. Burnside　　Nathaniel P. Banks
1812. 5. 30.~1900. 9. 20.　1819. 9. 6.~1898. 3. 11.　1824. 5. 23.~1881. 9. 13.　1816. 1. 30.~1894. 9. 1.

헨리 할렉 장군　　　조셉 후커 장군　　　조지 미드 장군
Henri W. Halleck　　Joseph Hooker　　George C. Meade　　　　남북전쟁 당시
1815. 1. 16.~1872. 1. 9.　1814.11.13.~1879.10.31.　1815.12.31.~1872.11.6.　　북군 장군들

대를 이끌고도 패배한 겁쟁이 사령관은 반성 대신 자신에게 병사
와 무기를 더 보내주지 않아서 패배했다며 오히려 링컨과 정부를
성토했다.

　겁쟁이 사령관을 교체한 링컨은 절망에 빠져 전쟁을 승리로 이
끌 수 있는 뛰어난 장군을 보내달라고 간절히 기도했다.

　해임된 매클렐런의 뒤를 이어 존 매클러넌트John A. Mcclernand,
윌리엄 로즈크랜스William Rosecrans, 앰브로즈 번사이드Ambrose E.
Burnside, 나다니엘 뱅크스Nathaniel P. Banks, 헨리 할렉Henri W. Halleck,
조셉 후커Joseph Hooker, 조지 미드George C. Meade 장군이 뒤를 이었지
만 그들 역시도 형편없는 장군이라는 것이 곧 밝혀졌다.

곤경과 어려움은 그것뿐만이 아니었다. 링컨 부부가 그토록 사랑하던 셋째 아들 개구쟁이 윌리(윌리엄)가 열두 살이 되던 해 갑자기 죽게 되어 그 슬픔이 극에 달했다. 안팎으로 밀려오는 시련과 고통이었다. 이 시기가 링컨 대통령이 직무를 수행하면서 가장 힘든 기간이었다.

출범 초기에 장관들의 비협조와 불협화음, 전쟁을 승리로 이끌 뛰어난 사령관의 부재로 인한 고뇌, 아들의 죽음 같은 시련과 슬픔이 밀려와도 그 어려움들 속에서 링컨은 좌절하지 않고 그가 옳다고 생각하는 일들을 하나하나 해결해 나갔다.

세상사 모든 일은 반전이 있게 마련이라 서서히 링컨 앞에 새로운 국면이 펼쳐지기 시작했다.

시간이 흐를수록 그를 조롱하거나 가볍게 대했던 장관들은 링컨의 뛰어난 지혜와 통찰력, 포용 정신, 불굴의 의지, 유연하지만 원칙을 지키는 변함없는 자세에 빨려 들어갔다. 선임 국무장관인 수어드와 전쟁장관 스탠턴은 앞장서서 진심으로 대통령을 따르고 온 힘을 다해 역할을 완수했다.

내부적인 단결과 협조는 큰 힘이 되어 서서히 난관에 빠진 전쟁의 양상을 바꾸기 시작했다. 상대당인 민주당도 링컨에게 적극적 지지와 협조를 보냈다. 링컨과 오랫동안 경쟁자였던 민주당의 더글러스도 링컨의 진심 어린 애국심을 알기에 적극적으로 나서서 지지 활동을 펼쳤다. 대통령의 강력한 경쟁자인 더글러스의 지지 호소는 민주당 사람들과 국민들의 마음을 움직였다.

"나는 민주당원이고 그와 경쟁자였지만 나라가 분열되어 망하는 걸 볼 수는 없다."

더글러스는 국가와 국민을 위해 모든 역할을 해나가며 애국적인 활동을 펼치다가 남북전쟁의 승리를 보지 못하고 1861년 장티푸스로 인하여 세상을 떠났다.

율리시스 S. 그랜트 장군
Ulysses S. Grant
1822. 4. 27.~1885. 7. 23.

이처럼 내부적인 단결과 대통령의 리더십이 자리를 잡아가면서 전쟁의 양상을 바꿀 간절하게 찾던 뛰어난 지휘관이 드디어 나타났다. 율리시스 그랜트Ulysses S. Grant 장군이 리 장군에 맞서 남북전쟁의 승리를 이끄는 역사의 주인공으로 등장한 것이다.

그랜트는 오하이오주에서 가죽가공업자의 아들로 태어났다. 어린 시절부터 군인으로서의 자질을 본 아버지는 웨스트포인트 육군사관학교로 진학시켰다. 장교로 임관한 그는 멕시코전쟁에서 공을 세웠지만 지나친 음주 탓으로 35살 때 강제 퇴역당했다. 그랜트의 아버지가 육군장관에게 선처를 요청했지만 육군장관이 냉정하게 거절했는데, 그때 장관이 남부 대통령이 된 제퍼슨 데이비스였다.

불명예 퇴역 후 그랜트는 여러 가지 사업을 했으나 하는 일마다 실패로 돌아가 곤궁한 신세가 되었다. 그러다가 남북전쟁이 일어나자 다시 10년 만에 군으로 복귀해 남부군을 상대로 승리를 거두기 시작해 주목을 받다가 빅스버그Vicksburg 전투에서 큰 공을 세웠다.

군으로 돌아온 그랜트는 예전의 그가 아니었다. 열심히 노력했고 잠재된 지휘관의 천부적 재능이 빛을 발했다. 그는 주둔하는 지역에서 아래와 같은 포고문을 발표했다.

'나와 부하들은 여러분을 보호하고 방어하기 위해 왔다. 우리의 싸울 대상은 오직 반란군과 그 협조자뿐이다'

그가 남군의 도넬슨Donelson 요새를 포위했을 때 패색이 짙은 남군의 지휘관이 항복조건을 요청하자 다음과 같이 답신을 했다.

'무조건적이고 즉각적인 항복 이외에는 그 어떤 조건도 없다'

1863년 7월 미시시피주 빅스버그에서 벌어진 전투는 거의 같은 시기에 벌어진 게티즈버그 전투와 함께 남북전쟁의 흐름을 바꾼 중요한 전투였다. 그랜트는 이 전투에서 연방군을 지휘하여 남부동맹에 큰 승리를 거두었다.

승리에 목말라하던 링컨에게는 더할 나위 없는 기쁨이요 자랑이었다. 그는 즉시 편지를 보내 승리에 대한 솔직한 자신의 표현을 담은 칭찬과 그동안 그랜트 장군의 능력을 알아보지 못한 실수를 사과했다.

'당신과 내가 이전에 개인적으로 만난 적이 있는지 잘 기억이 나지 않습니다. 나는 지금 이 나라를 위한 당신의 헤아릴 수 없는 헌신에 깊이 감사하지 않을 수가 없습니다. 몇 마디 더 할까 합니다. 빅스버그 근처에 당신이 도착했을 때 사실 나는 당신이 전투에서 나보다 유능하다는 것 외에 당신에게 그 어떤 희망도 하지 않았습니다. 그래서 나는 혹시 전투를 실패하지 않을까 하는 두려움이 있었습니다. 그러나 이제 나는 당신이 옳았고 내가 잘못되었다는 것을 솔직히 인정합니다.'

이 얼마나 솔직한 표현인가.

그리고 이어진 전투에서도 어김없이 그랜트가 승리하자 링컨은 1864년 3월 10일 그를 북부군 총사령관으로 임명했다. 그는 그 자리에서 다음과 같이 칭찬했다.

"그랜트 장군은 내가 만난 최고의 장군입니다. 그가 다른 장군들에게 귀감이 될 것이라는 것을 알 것입니다. 나는 나 없이도 전쟁을 이끌어 갈 수 있는 사람을 찾은 것이 너무나 기쁩니다."

결과적으로 그랜트는 대통령의 기대대로 마침내 리 장군에게 "무조건 항복Unconditional Surrender"을 받아냈다.

그러나 이처럼 뛰어나고 용감한 장군 그랜트도 고치지 못한 것이 있었다.

그는 전쟁 중에도 습관적으로 술을 가까이해 많은 논란을 낳았다. 그러나 링컨은 그랜트 장군의 음주에 관한 비난을 들을 때마다 그를 옹호하며 이기기만 한다면 술 문제는 덮겠다고 말했다. 더 나

River Queen호에서 열린 북부 최고 사령관 회의(George P. A. Healy 작품)
우측부터 David Dixon Porter, Abraham Lincoln, Ulysses S. Grant, William T. Sherman

아가 그랜트 장군이 좋아하는 위스키를 다른 장군들에게도 보내어
승리하는 모습을 보고 싶다고까지 말했다.

그만큼 링컨은 남북전쟁의 빠른 종식을 위해서라면 어떤 일이라
도 할 태세였다. 그랜트 장군은 리 장군이 항복할 때까지 끝까지 밀
어붙이는 소모전을 구사하며 서서히 전쟁의 주도권을 장악했다.

남북전쟁의 기록을 살펴보면 북군이 그동안의 열세를 벗어나 전
쟁의 흐름을 역전시킨 두 번의 전투가 있었다. 그랜트 장군이 지휘
했던 빅스버그 전투와 미드 장군이 지휘한 게티즈버그 전투다. 그
런데 링컨이 두 명의 승리한 장군 중 그랜트에게 총사령관의 직위
를 부여한 것은 미드 장군에 대한 실망감 때문이다.

'늙은 거북이'로 불리는 미드 장군은 게티즈버그 전투에서 패하고 후퇴하는 리 장군을 추격해 남군 지휘부를 초토화시킬 절호의 기회를 망설이다가 놓쳐버렸다. 더구나 링컨은 몇 차례에 걸쳐 남부군이 포토맥강을 건너 안전한 곳으로 탈출하기 전에 공격하라고 촉구했지만 미드 장군은 이행하지 않았다.

링컨은 하루라도 빨리 전쟁을 종식시키기를 염원했다. 그렇게 만드는 가장 좋은 방법은 리 장군을 비롯한 남군 지휘부를 체포하는 것이라고 판단했다. 링컨으로서는 강을 건널 때 가장 취약한 적을 공격하지 않은 미드 장군의 판단은 '싸울 준비가 되었음에도 전투를 벌일 생각을 안 하고 있다'고 탄식할만한 일이었고, '손만 뻗으면 남군의 지휘부를 잡을 수 있는 데도 놓쳐버린' 안타까운 일이었다.

이런 이유로 게티즈버그의 승리를 주도했음에도 미드는 기회를 놓친 장군으로 기록되었다. 대신 후퇴를 모르는 집념의 그랜트 장군에게 '남북전쟁의 마무리'라는 역사적 책무가 주어졌다.

전쟁이 길어질수록 국민들이 겪는 고통은 점점 심해지고 전사자나 부상병이 속출했다. 탈영이나 전투를 회피하고 군대 규정을 위반해 처벌이나 총살을 당하는 경우도 늘어났다. 링컨은 그럴 때마다 함께 슬퍼하고 자신의 힘이 미치는 한 최대한 관용을 베풀었다.

건강한 장년의 모습으로 백악관에 입성한 대통령 링컨은 불과 몇 년 사이에 격무에 시달리는 늙은 지도자로 전락해버렸다. 그러나 그는 최선을 다해 기도하고 국민을 위로하고 아무리 피곤해도 딱한 사람들의 호소는 경청했다.

5형제를 전쟁에 내보내 모두 전사한 어머니에게 1864년 11월 21일 보낸 편지는 가장 아름답고 진실한 편지로 이름 높다. 옥스퍼드 대학은 가장 순수하고 훌륭한 어법의 본보기로서 이 편지의 사본을 게시했다.

친애하는 부인.

저는 육군성의 서류 중에서 매사추세츠 군무국장의 보고서를 읽다가 부인이 전사한 다섯 아들의 어머니라는 것을 알게 되었습니다.

아들을 잃은 그토록 끔찍한 슬픔에서 부인을 벗어나게 하기에는 제 몇 마디 말이 너무나 부족하고 부질없음을 저도 압니다.

하지만 저는 위로를 드리지 않을 수가 없습니다.

그들이 죽음으로써 구해낸 공화국이 감사드리고 있다는 것을 아셨으면 합니다.

하나님께 기도드립니다.

하나님께서 아들을 잃어버린 부인의 비통함을 달래주시고,

부인에게 오직 그들에 대한 소중한 추억만을 남겨주시며,

그리고 그들이 분명 자유의 제단에 값비싼 희생물로 바쳐졌다는 성스러운 자긍심을 부인에게 주실 것을 기도드립니다.

에이브러햄 링컨 드림

링컨의 비서관으로 일하던 존 헤이John M. Hay는 유죄선고를 받고 총살형의 죽음 앞에 선 군인의 목숨을 살리기 위해 온갖 이유와 구실 그리고 증거를 찾던 대통령을 기억했다.

꼭 사형을 시켜야 한다고 장군들이 주장하면 링컨은 총살 대신 전쟁터에 다시 나가 싸울 수 있도록 기회를 주라고 부탁했다.

보초를 서다가 깜빡 잠이 들어 군법회의에서 사형이 확정된 어린 병사를 사면하기 위한 구실을 찾아내어 기꺼이 형을 면제하고 누구보다 기뻐했다.

사망했거나 다친 부상병이 실려 오는 모습을 볼 때마다 가장 깊은 슬픔을 드러내며 전쟁이 빨리 끝나기를 기원했다.

신앙 때문에 전쟁에 참전하기를 거부한 퀘이커 신도들에게 처벌을 주장한 장관에게 링컨은 이렇게 반박했다.

"하나님의 뜻에 따라 무기를 들지 않는 그들의 처벌을 원하지 않은 것은 나의 소망입니다."

전쟁 중 부대에서 탈영하면 사형을 받는 것이 일반적인 기준이다. 탈영병 24명이 총살형을 선고받았다. 대통령 링컨은 집행명령에 서명하기를 거부했다. 그들을 사형시키지 않으면 군대의 기강이 무너진다며 장군들이 강력하게 요청하자 링컨은 이렇게 말했다.

"미합중국에는 눈물을 흘리며 통곡하는 어머니와 아내들이 너무 많습니다. 더 이상 그 숫자를 늘려서는 안 됩니다. 나는 결코 그렇게 하지 않을 겁니다."

어느 날 아침 아들이 군법회의에 회부되어 총살당할 처지에 놓인 여성이 대통령을 만나러 왔다. 병사 어머니의 딱한 호소를 들은 링컨은 그 자리에서 사면장을 작성해 그 아들이 총살당하지 않도록 했다. 사면장을 받아든 그녀는 얼굴 가득 감사와 고마움으로 말했다.

"사람들은 대통령이 못생긴 사람이라고 말하지만 당신은 내 인생에서 본 사람 중 가장 잘생긴 사람이에요"

전쟁터에 나가 싸우는 부대를 찾아가 격려할 때는 대통령 링컨은 가장 겸손하게 부하처럼 행동했다. 자기는 계급이 없는 사람이라는 것이 이유였다.

링컨 대통령의 전선 시찰이나 군부대 방문은 일선에서 싸우고 있는 군인들의 열렬한 환영을 받았다. 그들은 대통령이 위험을 무릅쓰고 자기들을 방문해 감사와 격려의 마음을 진정으로 나누는 것을 알았다. 군인들의 이와 같은 링컨에 대한 지지와 충성은 북부군의 커다란 힘이 되었다. 링컨에 대한 군인들의 지지는 두 번째 대통령 선거의 부재자 투표에서 군인들의 80퍼센트가 넘는 지지로

앤티텀 전투 당시 매클렐런 장군의 부대를 위문 방문한 링컨 대통령

입증되었다.

그러면서도 유머 감각은 늘 살아있었다.

링컨이 반란군인 남부의 병력이 120만 명이라고 말하자 주변에서 그렇게 많을 리 없다고 반박했다. 그러자 링컨은 "우리 북군의 장군들은 진격을 명령하면 늘 남군의 병력이 우리보다 세 배는 많다고 걱정합니다. 우리 북군의 병력이 40만 명이니 장군들의 주장대로라면 40만의 세 배는 120만이 되지요."

링컨 대통령의 한없는 관용에 일선 지휘관들은 군대 기강이 무너지고 있다고 비난했다. 그러나 대통령은 아랑곳하지 않았다. 탈영병의 총살에 대해서는 이렇게 말했다.

"나 자신도 전투의 최전선에 서게 되면 총을 버리고 달아날지도 모릅니다."

"하나님께서 비겁한 다리를 주셨다면 그 다리가 그를 데리고 달아나는데 그 사람인들 별 수 없지 않겠습니까?"

대령 한 사람이 링컨을 면담했다. 그는 자신을 간호하던 아내가 귀가 중에 배가 충돌해 익사했다면서 아내의 시체를 수습해 장례를 치를 수 있도록 며칠간의 휴가를 요청했다. 링컨이 그런 문제는 부대 윗사람에게 상의하는 것이 낫겠다고 하자 대령은 장군이 자신의 요청을 거부해서 대통령을 찾아왔노라고 했다.

그 말을 듣자 가뜩이나 격무에 시달려 지쳐있던 링컨은 화를 버럭 내며 "장군이 거부했다면 어쩔 수 없다"며 "당신의 유일한 임무는 전쟁터에서 싸우는 것"이라고 거절했다. 실망한 대령은 평소 듣던 대통령의 태도와 너무나 달라 숙소로 돌아와 서운함에 잠을 이루지 못했다.

다음 날 새벽, 방문 두드리는 소리에 놀란 대령이 문을 열어 보니 대통령이 서 있었다. 링컨은 그의 손을 잡고는 이렇게 말했다.

"친애하는 대령, 나는 어젯밤에 무례한 행동을 했습니다. 나의 행동에 대해서는 변명의 여지가 전혀 없지요. 사실 나는 극한 상황에 이르도록 지쳐있었습니다. 그렇지만 조국을 위해 자기 목숨을 바치려고 내놓은 사람, 특히 극심한 불행 속에서 나를 찾아온 사람을 무례하게 대할 권리는 나에게 없습니다. 나는 밤새도록 후회했고 이제 용서를 빌기 위해 찾아왔습니다."

모든 것이 조치되어 있었다. 링컨은 방금 스탠턴을 만났고 통행증을 가져왔으며, 마차가 밑에서 기다리고 있었다. 대령은 대통령과 함께 그 마차를 타고 부두에 가서 다음 증기선 편으로 떠날 수 있었다.

노예해방선언
The Emancipation Proclamation

> 노예제가 잘못된 것이 아니라면
> 이 세상에 잘못된 것이라곤
> 하나도 없다.
>
> — 링컨

영국의 착취에 항거해 독립을 쟁취하고 처음부터 세계 역사에서 전례를 찾기 어려운 자유민주주의 국가로 출발한 미국에서 어떻게 인권을 도외시한 노예제도가 생겨난 것인지 그 배경을 알아보자.

광활한 대륙에 정착한 소수의 이민자들은 자신들만으로는 담배나 밀, 면화 같은 작물의 재배에 필요한 많은 노동력을 감당할 수 없었다. 농장주들은 외부로 눈을 돌렸고 그 당시 유럽 각국에서 벌이는 식민지 쟁탈전과 하급 노동력의 확보에서 발생한 아프리카 흑인들에게서 대안을 찾았다.

1619년 버지니아주의 제임스타운에서 처음으로 유럽 노예 상인을 통해 흑인 노예 20명이 거래된 것을 시작으로 시간이 흐를수록 노예에 대한 수요는 폭발적으로 증가했다. 1779년에는 한해에 약 20만 명의 흑인 노예가 미국에 들어왔다. 팔려온 흑인들은 당사자만 노예 신분이 아니었다. 그들이 낳은 자식(아프리카계 미국인)에게로 대대로 노예 신분이 이어졌다.

흑인 노예는 미국 전역에서 수요가 넘쳤고 특히 농사를 위주로 하는 남부지방에서는 없어서는 안 될 필수적인 요소로 자리 잡았다. 대농장 소유주들은 노예의 노동력을 이용해 생산한 농작물을 유럽으로 수출해 막대한 부를 축적했다.

그러나 흑인 노예들은 피부색이 다르다는 이유 하나로 인간 이하의 대접과 가혹한 신체적 폭행, 고문 등에서 벗어날 수 없었다. 그런 상황에서 노예 수는 점차 증가해 1850년에는 320만 명에 달하는 등 미국 인구 구성의 한 축을 이룰 정도로 늘어났다.

인간은 평등하다는 미국의 가치관[15] 속에서 인권이 무시되고 말살당하는 노예제도가 가능했던 것은 시대적 욕구와 경제적 수요도 있었지만 본질적으로는 피부색이 다른 인종은 같은 인간으로 대하기 어렵다는 인종차별 인식이 그 바탕에 깔려있기 때문이다. 이러한 습성은 오늘날에도 남아 미국 사회 흑백 갈등의 원인이 되고 있다.

링컨이 젊은 시절부터 품어온 생각은 노예들에 대한 짐승보다 더한 수탈과 인권 말살 그리고 지독한 인종차별은 해서는 안 된다

---

15 1776년 7월 4일 토마스 제퍼슨이 기초한 독립선언서에는 다음 내용이 명문화되어 있다.
'모든 사람은 평등하게 창조되었으며(All men are created equal)~'

는 것이었다. 그러나 노예제도가 필요한 농업부문의 불가피한 부분도 인식했기 때문에 연방을 유지하기 위해 점진적이며 온건한 입장을 택할 수밖에 없었다. 아래 연설문은 링컨의 입장을 대변해준다.

"연방을 지키기 위해 노예제도가 필요하다면 그렇게 하겠습니다. 연방을 지키기 위해 노예제도를 폐지해야 한다면 그렇게 하겠습니다.
연방을 지키기 위해 노예제도가 두 가지 방법이 다 필요하다면 그렇게 하겠습니다."

링컨이 대통령에 취임하면서 가장 심혈을 기울인 두 가지 과제는 연방제 유지와 노예제도의 합리적이고 온건한 개선(궁극적으로는 노예해방)이었다.

많은 자료와 공식적 연설문을 살펴봐도 링컨은 남북전쟁 전까지 노예제도의 폐지나 노예해방은 언급조차 한 일이 없다. 대통령 취임 연설에서도 링컨은 다음과 같이 생각을 밝혔다.

"저는 노예제도가 존재하는 주들의 노예제도에 대해 직접적이든 간접적이든 간섭할 의도가 전혀 없습니다. 제게 그렇게 할 수 있는 법적 권한도 없을뿐더러 또 그렇게 할 의사도 없습니다."

그러나 링컨의 점진적이고 온건한 정책의 노력에도 불구하고 노예제도에 대한 남과 북의 첨예한 입장 차는 결국 남북전쟁으로 귀결되었다. 그리고 남북전쟁이라는 비상시국 하에서 링컨은 그에게 부여된 전시 대통령의 막강한 권한을 이용해 노예해방을 만들어 내는 역사적 역할을 수행했다. 평시의 링컨이었다면 엄두도 못 낼 일이었다.

링컨은 그동안 전쟁을 막기 위해 취해왔던 노예 문제에 대한 온건한 입장을 전쟁을 승리로 끝내기 위한 전략적 무기로 적극 활용했다. 결국 노예제도가 남북전쟁을 야기했고 남북전쟁이 노예해방을 가져온 역사의 선순환이 된 것이다.

링컨은 노예해방을 통해 명분과 실리를 모두 차지하는 '신의 한수'를 두게 된다. 남북전쟁 초기, 리 장군이 이끄는 남부군에 의해 북부군이 연전연패하며 링컨이 사면초가에 몰렸을 때 그는 이러한 상황을 극적으로 반전시킬 묘안을 찾다가 노예해방 카드를 선택하기에 이른다.

대외적으로도 링컨의 비장의 카드인 '노예해방'이라는 대의명분은 남북전쟁에서 중립을 지키던 유럽 각국과 특히 암묵적으로 남부를 지지하던 영국을 북부 지지로 이끌어냈다.

링컨은 더 나아가 인도적 차원을 넘어서 전쟁을 승리로 이끌기 위해 노예를 기반으로 하는 남부의 농업경제 축을 흔들고자 했다. 그의 노예해방선언은 남부의 수많은 흑인 노예로 하여금 그곳을 탈출하게 만들었다. 초기의 노예해방 대상은 남부 반란주의 흑인 노예들이었다.

거기에다 막대한 인명손실을 초래한 전쟁에서 가장 필요한 것은 전투병력 보충을 위하여 건강한 흑인 남성을 고려했다. 결과적으로 링컨의 '노예해방선언'은 수십만의 건강한 흑인들을 자신들의 신분 해방전쟁을 위해 스스로 입대하게 하고 전투에 적극적으로 참여해 전쟁을 반전시키는 놀라운 역사를 만들었다.

이렇듯 링컨은 '노예해방선언'을 통해 노예에 기반한 남부경제에 타격을 가하고 그에 따른 남부의 전쟁 동력을 소진시키며, 흑인 병사를 통한 군대 전력 보강으로 승전의 기초를 닦았다. 아울러 대외적으로는 영국과 프랑스 등 유럽 제국들이 전쟁에 개입하지 못하게 도덕적 명분을 확보했다.

노예해방선언에 이르는 과정을 살펴보자.

여기에는 1862년 9월 22일 서명 공표된 링컨 대통령의 '예비 노예해방령Preliminary Emancipation Proclamation'이 그 첫 번째 출발점이 된다.

당시 공화당 내의 급진파는 즉각적인 노예 폐지를 주장했고 링컨을 포함한 온건파는 연방에 남아 있는 일부 노예주(메릴랜드, 델라웨어, 켄터키, 미주리)의 눈치를 살피느라 신중한 입장이었다.

이런 상황에서 전쟁 초기인 1861년 5월 북군의 벤저민 버틀러

Benjamin Butler 장군은 북군 진영으로 탈출한 남부 노예들을 남부의 주인에게 돌려보내지 않겠다고 선언했다. 링컨은 이에 대해 1861년 12월 의회에 보내는 연례교서에서 장군의 조치에 찬성한다는 뜻을 밝혔다. 아울러 탈출한 노예들을 연방 세금으로 노예 소유주들에게 적정한 보상을 한 후 이들을 자발적으로 중남미나 카

프레드릭 더글러스
Fredric Douglass
1817. 2.~1895. 2. 20.

리브해의 섬으로 가서 살게 하는 방법을 지원할 것을 제안했다.

링컨의 제안에 따라 1862년 6월 초 의회는 이에 필요한 자금 50만 달러를 편성했다. 링컨은 여기에 추가로 2천만 달러의 자금을 요청했다. 그러나 정작 가장 중요한 것은 당사자인 흑인들의 생각이었다.

대통령은 평소 가깝게 지내던 흑인 지도자 프레드릭 더글러스 Fredric Douglass 등 여러 흑인과 면담을 통해 그들의 진심을 청취했다. 대통령과 만난 그들은 대부분 태어난 이곳 즉 미국이 자신들의 집이라며 자신들을 미국에서 떠나게 하는 정책을 반대했다. 이들 대다수의 여론이 중론을 이루자 링컨의 제안은 해프닝으로 끝났다. 이렇듯 링컨에게 노예 문제는 하나하나 신중하게 다루어야 할 고도의 심각한 문제였다.

링컨은 7월 13일 전쟁장관 스탠턴의 어린 아들 장례식에 참석하기 위해 국무장관 수어드, 해군장관 웰스와 함께 마차를 타고 가면

서 이렇게 말한다.

"이제는 노예들을 해방시켜야 합니다. 노예를 해방시키지 않으면 우리가 질 수밖에 없다는 결론에 도달했습니다."

이전에도 몇몇 사람들이 노예의 전면 해방을 주장했지만 응답을 미루던 링컨이 심사숙고 끝에 결단을 내린 것이었다. 그는 이제 자신의 심중을 세상에 드러낼 때가 되었다고 생각했다. 링컨은 이 같은 소신에 따라서 노예해방선언문을 구상하기 시작했다. 그런 다음 7월 22일 국무회의에 참석한 장관들에게 역사적인 노예해방령 초안을 낭독했다. 이때 수어드 장관은 군사적 우세가 결정되는 승리의 시간까지 기다리다 발표할 것을 제안했고 링컨도 동의했다.

드디어 밀리기만 하던 북군이 앤티텀Antietam 전투에서 승리한 5일 뒤 9월 22일 링컨 대통령은 대통령의 전시 특별 권한에 의거해 남부연합의 모든 노예를 해방한다는 예비 노예해방령을 발표했다. 주요 내용은 다음과 같다.

'1862년 9월 22일을 기점으로 미국 대통령은 다음과 같은 포고령을 발표한다. 현재 미국에 대해 반란 상태에 있는 주나 주 일부의 노예들은 1863년 1월 1일 이후부터 영원히 자유의 몸이 될 것이다. 육·해군 당국을 포함해 미국 행정부는 그들의 자유를 인정하고

By the President of the United States of America:

A Proclamation.

Whereas, on the twenty-second day of September, in the year of our Lord one thousand eight hundred and sixty-two, a proclamation was issued by the President of the United States, containing, among other things, the following, to wit:

"That on the first day of January, in the year of our Lord one thousand eight hundred and sixty-three, all persons held as slaves within any State or designated part of a State, the people whereof shall then be in rebellion against the United States, shall be then, thenceforward, and forever free; and the Executive Government of the United States, including the military and naval authority thereof, will recognize and maintain the freedom of such persons, and will do no act or acts to repress such persons, or any of them, in any efforts they may make for their actual freedom.

"That the Executive will, on the first day

노예해방선언문(원본)
The Emancipation Proclamation

지켜줄 것이며, 그들이 진정한 자유를 얻고자 노력하는 데 어떠한 제약도 가하지 않을 것이다. (중략) 또한 1863년 1월 1일부터 미국에 대항해 반란 상태에 있는 다음과 같은 주와 주의 일부 지역을 반란주로 지명한다.'[16]

1863년 1월 1일 새해가 밝자 백악관에는 수많은 사람이 몰려들었다. 신년 리셉션에 참석한 많은 사람과 인사하고 악수를 나누는 바람에 정오가 되어서야 대통령은 피곤한 몸을 이끌고 간신히 2층 대통령 집무실 서재로 올라갔다. 그는 악수로 부은 손을 만지며 잠시 휴식을 취하다 국무장관 수어드가 가지고 온 노예해방선언문에 정식으로 서명했다. 이윽고 그는 주변 참석자들에게 이렇게 말했다.

"저는 제가 옳은 일을 하고 있다는 확신을 이 문서에 서명하는 지금보다 더 분명하게 느낀 적은 없습니다. 만약 제 이름이 계속해서 역사에 기록된다면 그것은 제가 여기에 서명했고 그 속에 저의 모든 혼이 담겨 있기 때문입니다."

---

16 역사적인 노예해방령으로 모든 미국의 노예들이 해방된 것은 아니었다. 남부 반란 지역에 한해 그것도 그 지역이 북부군에 점령하면 관할 사령관이 노예를 해방시킬 수 있는 권한을 부여받았을 뿐이었다. 그러나 점차로 노예 해방은 시대적 대세가 되었고 북부의 주들도 개별적으로 노예 해방을 선언하기에 이르렀다.

노예해방령은 다양한 반향을 불러왔다. 우선 해방된 노예들이 북군에 정규군으로 입대할 수 있는 길이 열렸다. 흑인 노예들은 그들의 진정한 해방을 위해 자발적으로 입대하고 목숨을 걸고 용맹하게 싸웠다. 이후 2년간 무려 20만 명의 흑인이 참전하며 북부가 승리하는 데 결정적 역할을 했다.

이러한 광범위하고 선한 영향력은 해방령이 적용되지 않는 북부의 노예주인 메릴랜드와 미주리주에도 끼쳐서 그들 주는 새로운 주 헌법을 통해 노예제도를 폐지했다. 남부연합인 테네시, 아칸소, 루이지애나 3개 주에서도 노예제도가 폐지되었다.

반작용도 생겨났다. 북부의 일부 부대는 노예해방령에 반발해 거의 반란수준까지 반대했으며 탈영병도 속출하고 입대율도 급격하게 줄었다. 그들은 자신들이 연방의 보존을 위해 싸우는 것이지 흑인의 자유 때문이 아니라고 주장했다.

그러나 대부분의 병사와 시민은 전쟁의 명분에 건국이념인 자유를 위한 투쟁이 포함되는 것에 자부심과 자긍심을 가졌다. 거기에다 노예해방령은 이미 노예제도를 폐지한 유럽 국가들의 호감을 샀고 특히 영국의 여론은 북부 지지로 확연하게 돌아섰다.[17]

대통령으로서 링컨은 둘로 갈라진 아메리카합중국을 어떻게 해서든 갈등을 메우고 하나로 합쳐야 한다는 역사적 소명감을 대통

---

17 사실 링컨에 의한 노예해방선언은 유럽에 비해서는 늦은 편이었다. 영국은 1833년, 프랑스는 1848년에 노예제도를 폐지했다.

령 직무의 최우선 과제로 삼았다. 그러기 위해 링컨이 재임 기간 내내 일관한 국정운영의 기본 철학은 갈라진 연방을 하나로 만드는 모든 방법의 강구와 실천이었다. 그 중에서 가장 큰 역사적 사건은 후대의 평가가 이르듯 노예해방선언이었다. 400만 흑인 노예의 짐승 같은 속박을 걷어내고 인간다움을 회복시켜준다는 대의大義는 1776년 독립선언 이후 미국인이 느낀 최고의 옳은 행동이었고 명분이었다.[18]

그러나 노예해방선언이 정착하기 위해서는 넘어야 할 벽이 있었다. 그것은 대통령의 비상권한에 의거해 시행된 해방령이 전시포고령 성격에서 벗어나 헌법으로 뒷받침되어야 한다는 것을 의미했다.

링컨은 노예제도 폐지를 위한 마지막 절차인 헌법 수정안의 의회 통과와 비준을 위해 모든 노력을 기울였다. 공화당 의원뿐만 아니라 야당인 민주당의 지지가 필수적이었기 때문에 링컨이 당시 의회에 기울인 헌신적인 활동은 눈물겨운 정도이다.[19]

그리고 그의 이러한 애씀 덕분에 미합중국 수정헌법 제13조가 1865년 1월 31일 마침내 의회를 통과했다.

---

18 아프리카계 미국인인 버락 오바마가 2008년 미국 44대 대통령으로 선출되고 8년간 미국을 성공적으로 이끌어 간 것을 하늘의 링컨이 알았다면 어떤 심정이었을까? 미국에서 흑인 대통령이 탄생할 것을 당시 예측한 사람은 몇 명이나 되었을까?

19 그 당시 링컨 대통령의 기록을 담은 영화 '링컨'이 2012년 스티븐 스필버그 감독에 의해 제작, 발표되었다. "링컨이 살아나왔다"는 평을 들은 링컨 역의 다니엘 데이 루이스의 열연은 감동적이다.

13조 제1

'어떠한 노예제도나 강제 노역도, 해당자가 정식으로 기소되어 판결로서 확정된 형벌이 아닌 이상, 미국과 그 사법권이 관할하는 영역 내에서 존재할 수 없다.'

게티즈버그 연설

Gettysburg Address

게티즈버그^{Gettysburg} 전투는 1863년 7월 1일부터 7월 3일까지 펜실베니아주 게티즈버그에서 벌어진 전투로 남북전쟁에서 가장 참혹한 전투였으며 남북전쟁의 전환점을 이룬 사건이었다. 이 전투에서 북부의 지휘관 조지 미드 장군이 이끄는 포토맥군은 남부의 리 장군이 이끄는 북버지니아군의 파상공세를 막아내고 무너뜨렸다. 이로써 북부를 공략해 대세를 결정지으려던 리 장군의 계획은 수포로 돌아갔고 전쟁의 주도권이 남부에서 북부로 넘어가는 계기가 되었다.

당초 리 장군의 계획은 이곳에서의 승리를 발판으로 남부의 독립을 기정사실화하는 협상을 하는 것이었다. 전쟁을 더이상 지속해서는 안 된다는 미국 내 반전 여론도 높았고 남부의 전쟁 수행 능력도 시간이 흐를수록 힘에 벅찼기 때문에 애초 목적인 남과 북의 분

게티즈버그 전투

리를 확정시킬 수 있다면 더는 바랄 것 없는 상황이었다.

그러나 협상을 통해 남과 북이 분리된다면 그것은 미연방의 영원한 해체를 의미하는 것이기에 링컨으로서는 결코 받아들일 수 없는 제안이었다. 그렇게 된다면 연방을 수호하기 위해 지금까지 치러진 수많은 희생은 의미 없는 행위로 기록되기 때문이었다. 대통령은 결국에는 북이 승리하고 연방 수호라는 양보할 수 없는 가치를 쟁취할 수 있다는 굳은 믿음이 있었다. 이러한 양측의 사정에 따라 게티즈버그 전투는 미국 역사의 중요한 분기점이 되었다.

남과 북의 명운이 걸린 이 전투에 모두 15만 명의 군사가 전쟁의 소용돌이로 빨려 들어갔다. 리 장군은 남군 1명이 최소한 북군 3명을 상대할 수 있다고 호언장담했다. 남군의 일제 공격의 신호가 울리면 북군은 도망칠 것이라고 장담도 했다. 수많은 전투에서의 승리가 명장의 판단력에 자만심이라는 굴절을 선물했다.

7만 5천의 병력을 가진 리 장군은 전투가 개시된 후 이틀간 승리를 거두고 나서 3일째 되는 날 승부수를 띄웠다. 초기의 전투에서 북군은 패배해 2만의 군사를 잃은 터였다. 리 장군은 방어벽을 쌓거나 숲에 숨어서 북군을 상대하던 지금까지의 전략을 바꿔 정면 돌파로 사기가 떨어진 북군을 초토화시킬 것을 명령했다. 대오를 갖춘 남군이 게티즈버그의 광활한 벌판을 가로질러 진격하면 겁에 질린 북군이 도망갈 거라고 자신했다. 주변 참모들이 그 위험성을 경고했지만 거듭되는 승리에 취해있는 사령관의 고집을 꺾을 수는 없었다.

이윽고 대오를 정비한 남군이 군기를 흔들고 총검을 햇빛에 번득이며 일제히 앞으로 달려나갔다. 혼비백산한 북군이 도망가는 일만 남았다. 그러나 미드 장군이 이끄는 북군은 도망가는 대신 자신만만하게 달려오는 남군을 향해 일제히 공격을 가했다. 사방의 진지에서 미리 준비한 대포와 포탄이 쉴 새 없이 날아갔고 총탄이 비 오듯 남군 쪽으로 쏟아졌다.

순식간에 선두 5천 군사 중 4천 명이 쓰러졌다. 엄청난 피해였다. 시간이 갈수록 남군의 피해는 늘어났다. 7월 4일 밤이 되어 더 이상의 전투가 어려워지자 비를 맞으며 리 장군은 전쟁 이래 가장 큰 패배를 당한 채 후퇴하기 시작했다. 한 번의 패배였지만 남군은 지금까지의 승리가 무의미해질 만큼 큰 타격을 입었다.

3일간의 전투는 양측에 수많은 사상자를 발생시켰고 인구 2,400명에 불과했던 게티즈버그 마을에도 영향을 미쳤다. 전장에는 7월의 더위로 인해 수많은 병사의 시체와 말 주검에서 나오는 악취 때문에 사람들은 견딜 수 없었다. 현장을 수습하는 일은 지역 주민들의 몫이었지만 그들이 하기에는 너무나 벅찬 일이었다.

데이비드 윌스
David Wills
1831. 2. 3.~1894.10.25.

이에 지역을 대표해 32살의 판사 데이비드 윌스David Wills가 펜실베니아 주지사 앤드루 커틴에게 주예산을 배정해 이곳을 국립묘지로 만들어줄 것을 청원했다. 이에 따라 2,500달러의 예산이 주어졌다. 윌스 판사는 17에이커에 달하는 부지를 매입해 이곳에 남과 북의 희생자를 기리는 묘지 헌정식을 가지고자 했다. 장례위원회는 그 자리에 당시의 관행대로 유명인사를 초청해 추모연설을 들을 계획을 세웠고 그 주인공으로 당대의 연설가인 에드워드 에베렛Edward Everett을 선정했다.

에베렛의 요청에 따라서 원래 10월 23일에 열기로 한 행사를 11월 19일로 연기했다.[20] 국무장관, 주지사, 주영공사, 하버드대 총장을 역

에드워드 에베렛
Edward Everett
1794. 4. 11.~1865. 1. 15.

임한 에베렛은 당대의 명연설가로 이름이 높았다. 주 연사를 확정한 후 윌스와 장례위원회는 링컨 대통령을 초청했다. 초청 편지에서 윌스는 '국가 행정부의 수장으로서 이 행사의 의의를 명확히 하는 짧은 몇 마디의 헌정사를 남겨주시기 바랍니다'라고 대통령에게 요청했다.

링컨은 이 초청장을 행사 17일 전에야 받았다. 결례였지만 대통령은 개의치 않고 참석을 결정했다. 그리고 요청받은 대로 짧은 몇 마디 연설문을 준비했다. 오늘날 미국인을 비롯한 수많은 사람이 암송하는 링컨의 이 연설문에 대한 여러 가지 주장이 있지만 다음 사항은 일치한다. 즉 연설문의 직접 작성자는 링컨 대통령이다. 그가 이곳으로 오는 열차 안에서 작성했든 아니면 숙소에서 했든 이 연설문의 숭고한 뜻과 지향점은 변함이 없는 것이다.

1863년 11월 19일 쌀쌀한 날씨 속에서 연설을 맡은 에베렛은 한 시간이나 지각해 김을 빼고 나서 1만 5천 명의 참석자를 앞에 두고 두 시간짜리 긴 연설을 했다. 그의 연설을 들은 어떤 이는 "그렇게 길게 말하면서 그토록 적은 말을 한 사람은 없었다. 그는 수많은 말을 했지만 들을 말은 하나도 없었다"고 혹평했다.

두 번째로 나선 대통령 링컨은 이제는 그의 상징처럼 되어버린

---

20 당시는 이런 행사의 연설들은 보통 두 시간 정도 소요되는 것이 일반적인 관례였다. 에베렛이 행사를 연기하도록 요청한 것도 사실은 두 시간짜리 연설문을 작성하는 데 시간이 걸리기 때문이었다.

링컨의 게티즈버그 연설

'여든하고도 일곱 해 전에Four score and Seven years ago'로 시작하는 3분에 걸친 짧은 연설을 했다.

링컨의 숭고한 정신과 민주주의에 대한 굳은 신념으로 가득 찬 연설은 죽은 자들의 희생을 기리고 산 사람들에게는 새로운 자유의 탄생을 위해 다시 헌신할 것을 촉구하는 내용이 압축되어 있었다. 링컨은 이 전쟁이 모든 사람이 평등하게 태어났다는 '독립선언서'의 이상을 실험했고 이 전쟁을 통해 미국의 건국이념이 재정립되었음을 선언했다.

11월의 쌀쌀한 날씨 속에서 두 시간짜리 연설에 지쳐있던 사람들이 총 272단어로 구성된 링컨의 연설을 얼마나 귀담아 들었는지 모르지만 그들은 그 순간 역사상 가장 위대한 연설을 듣고 있었다. 그날의 짧았던 연설이, 불과 10여 줄에 불과한 문장이 후대에 얼마나 위대한 평가를 받게 될지 짐작하는 사람은 아무도 없었다.

연설을 마친 후 언론에서는 너무 평범하고 밋밋하다느니 기사화할 가치도 없다고 혹평했지만 시카고 트리뷴만은 "링컨의 연설은 역사에 길이 남을 것이다"라고 호평했다.

첫 번째 연사인 에베렛은 다음 날 "제가 두 시간 동안 전하려고 했던 마음을 대통령께서는 2분 만에 해냈습니다"라고 격찬하면서 연설문 원고를 보내줄 것을 간청했다.

오늘날 그의 연설 문장은 지금도 수많은 사람에게 영향을 주고 있고 세계 각국의 교과서에 실려서 민주주의의 기본정신을 가장 정확하게 알려주고 있다.

링컨의 연설은 단순한 연설이 아니었다. 그것은 한 인간이 바닥에서 일어나 쉼 없이 앞으로 나아가며 쌓아올린 고귀한 정신에서 나온 진심의 발로였다. 또한 한 편의 시였으며 오래도록 가슴을 울리는 불후의 명곡과도 같았다.

오늘날까지 역사상 가장 많이 인용되는 이 연설문을 살펴보자.[21]

---

21 링컨의 자취를 찾아간 모든 기념 장소에는 예외 없이 게티즈버그 연설문이 가장 좋은 위치에서 방문객을 맞이하고 있었다.

지금으로부터 87년 전, 우리의 선조들은 이 대륙에 자유에 기반하고 모든 인간은 평등하게 창조되었다는 신조를 받드는 새로운 국가를 탄생시켰습니다.

지금 우리는 거대한 내전을 치르고 있고 우리 선조들이 세운 국가가, 자유에 기반하고 평등을 떠받드는 그 국가가 과연 이 지상에 존재할 수 있는지 없는지를 시험 받고 있습니다.

우리는 바로 그 전쟁의 거대한 싸움터인 이곳에 모여 있습니다. 우리가 여기에 온 것은 바로 그 싸움터에서 제 삶을 바쳐 나라를 살리고자 한 영령들의 마지막 안식처로 봉헌하기 위함입니다. 우리의 이 헌정은 더없이 마땅하고 옳습니다.

그러나 넓은 의미에서 보면, 우리가 이 땅을 봉헌하거나 신성하게 할 수는 없습니다. 숨을 거두었거나 혹은 생존해 있거나 이곳에서 목숨 바쳐 싸웠던 그 용감한 분들이 이 땅을 신성하게 만들었기 때문입니다. 우리의 미약한 힘으로는 그 위에 보탤 수도 뺄 수도 없습니다. 우리가 이 자리에서 한 말을 세계가 주목하거나 오래 기억하지는 않을 것입니다. 하지만 그 용감한 분들이 이곳에서 행한 일은 결코 잊히지 않을 것입니다.

이곳에서 싸운 분들이 그토록 고결하게 이끌었지만 끝내 이루지 못한 과업을 위해, 이곳에 봉헌해야 할 사람은 이제 살아 있는 우리들입니다. 우리 앞에 남겨진 위대한 과업을 위해 지금 이곳에 우리들 자신을 봉헌해야 합니다. 그분들이 마지막 목숨을 내던지며 지키고자 했던 대의를 위해 이토록 명예로운 죽음을 받들어 우리는 더욱 헌신해야 합니다. 그분들의 죽음을 헛되이 하지 않을 것을 굳게 다짐합니다. 하나님의 가호 아래 이 나라는 새로운 자유의 탄생을 맞이하게 될 것입니다. 국민의, 국민에 의한, 국민을 위한 정부는 이 지상에서 결코 사라지지 않을 것입니다.

Four score and seven years ago our fathers brought forth on this continent a new nation, conceived in Liberty, and dedicated to the proposition that all men are created equal.

Now we are engaged in a great civil war, testing whether that nation, or any nation, so conceived and so dedicated, can long endure.

We are met on a great battle-field of that war. We have come to dedicate a portion of that field, as a final resting place for those who here gave their lives that that nation might live. It is altogether fitting and proper that we should do this.

But, in a larger sense, we can not dedicate - we can not consecrate - we can not hallow - this ground. The brave men, living and dead, who struggled here, have consecrated it, far above our poor power to add or detract. The world will little note, nor long remember what we say here, but it can never forget what they did here.

It is for us the living, rather, to be dedicated here to the unfinished work which they who fought here have thus far so nobly advanced. It is rather for us to be here dedicated to the great task remaining before us – that from these honored dead we take increased devotion to that cause for which they gave the last full measure of devotion – that we here highly resolve that these dead shall not have died in vain – that this nation, under God, shall have a new birth of freedom – and that government of the people, by the people, for the people, shall not perish from the earth.

링컨이 언급한 '국민People'에는 이미 노예해방선언으로 노예신분에서 벗어난 흑인이 포함된 개념이었고, 이것은 링컨의 신념인 인간 평등 실현이라는 숭고한 목표의 당위성을 확보하는 계기가 되었다. 또한 이 연설문은 자랑스러운 미국의 미래비전을 제시하는 역할도 했다. 그것은 미국과 세계의 젊은이들이 꿈꾸는 나라의 모습이었다.

이렇듯 링컨은 전쟁에서 승리한 후 연방을 오래도록 보존하는 목표와 비전을 전쟁의 참혹한 피해자들이 잠들어 있는 장소에서 세상과 역사를 향해 알린 것이었다.

그런데 링컨이 연설문에서 연방헌법을 인용하지 않고 독립선언서를 인용 언급한 까닭은 무엇일까? 그로서는 건국 후 처음 닥쳐온 연방 해체의 큰 위기 속에서 모든 미국인들이 건국할 때의 일치된 마음으로 돌아가 굳건한 나라를 만들어 보자는 충정에서 우러난 것으로 보여진다.

대통령 재선과
남부의 항복

남부의 항복

전쟁이 시작된 지 4년이 지난 1864년에 접어들면서 전세는 북군 쪽으로 확연하게 기울었다. 그랜트 장군은 70만의 월등한 군사력에 20만의 사기충천한 흑인 병력까지 휘하에 두고 남군을 서서히 압박해갔다. 그는 이전의 장군들과 달리 포기나 후퇴를 몰랐다. 그를 상대하는 남군은 언제나 그렇듯 최악의 상황을 맞아야 했다.

병사 숫자나 보급물자가 부족한 남군으로서는 포위한 채 끈질기게 항복을 요구하는 그랜트의 전략에 속수무책이었다. 9월 1일 남부의 주요 도시인 애틀란타Atlanta가 점령당했다. 이어 1865년 4월 3일 마침내 남부연합의 수도인 리치몬드가 함락되면서 남군의 최후 보루가 사라졌다.

리치몬드가 함락된 다음 날 대통령 링컨은 위험을 무릅쓰고 아들 테드를 데리고 리치몬드를 방문했다. 예인선을 타고 링컨이 해안에 도착하자 그를 발견한 수많은 흑인이 링컨을 둘러싸고 소리 높여 찬양했다. '하나님을 찬미하라! 메시아가 왔도다!', '영광! 할렐루야!'.

리치몬드로 입성하는 링컨

발밑에 엎드린 흑인들의 열광적인 반응에 링컨은 당혹해하며 그들의 손을 잡아 일어나게 한 뒤 겸손하게 말했다.

"제게 무릎을 꿇지 마십시오. 그건 옳지 않습니다. 하나님께만 무릎을 꿇고 지금부터는 여러분이 누릴 자유에 대해 하나님께 감사드리십시오."

링컨이 걸어서 시내로 들어가자 수많은 사람이 그를 뒤따랐다. 피난 가지 못한 시민들도 화해와 관용이 가득한 대통령의 주위를 감싸며 걸었다. 이전의 적이 아니고 저쪽의 대통령도 아니었다. 그들은 하나가 되었다.

1865년 4월 9일 전세가 기울어지고 패색이 짙어지자 남부 총사령관 리 장군이 버지니아의 애포매틱스Appomattox 군청 청사에 있는 북군 총사령관 그랜트 장군을 찾아와 항복 문서에 서명했다. 무

남북전쟁 항복 문서에 서명하는 리 장군

조건 항복이었지만 항복 협정문은 정중하고 간략했다.

'남군은 포로 서약을 한 뒤 법을 어기지 않는 한 처벌받지 않는다.'

'장교는 허리에 차는 무기(권총)와 말을 소유할 수 있다.'

승자는 관대했고 패자는 정중했다. 그랜트 장군은 항복한 리 장군에게 예의를 다해 대했다.

4월 8일 리치몬드를 떠난 링컨은 4월 9일 저녁 워싱턴 D.C.에 도착했다. 그날 밤늦게 리 장군의 항복 소식을 전하는 전보가 도착했다. 전쟁이 끝난 것이다. 리 장군의 항복을 시작으로 수많은 전선에서 남군이 항복하며 남북전쟁은 마무리되었다. 총성 소리와 말발굽 소리가 사라지고 평화가 찾아왔다.

항복의 조건은 믿을 수 없을 만큼 너그러웠다. 링컨은 남군이 보복이나 굴욕을 당하지 않도록 배려했다. 항복한 남군의 장교와 병사들은 무기 소지가 허용되었다. 또한 포로로 잡힌 병사들은 석방되어 고향의 집으로 돌아가게 배려했다. 그뿐만이 아니었다. 농장에 돌아가 다시 경작하고자 하는 병사들은 필요한 말이나 노새까지도 가져가도록 했다.

대통령은 누구도 처벌하거나 차별하는 것을 용납지 않고 모두를 용서하고 관대하게 대할 것을 지시했다. 그래서 그들이 모두 하나가 되어 다시 연방에 충성하고 헌법에 따라 나라가 유지되기를 간절히 원했다.

세계 역사상 패전한 상대방 군인에게 이처럼 관대하게 배려한 승자는 없었다. 적의 최고 책임자인 남부 대통령 데이비스가 포로로 잡히면 반드시 처형하도록 의견이 모아졌으나 링컨은 적극적으로 반대하며 이렇게 말했다. "우리가 심판받기를 원하지 않는다면 남을 심판하지 맙시다."

결과적으로 링컨의 사망 후인 5월 10일 남부 대통령 데이비스는 포로로 잡혔으나 링컨 생전의 뜻에 따라 3년 정도 수감되었다가 석방되어 편안한 여생을 보냈다. 리 장군은 항복 후 고향으로 돌아가서 대학 학장으로 여생을 보냈다. 북군 총사령관인 그랜트 장군은 후에 대통령이 되었다. 링컨의 사랑과 포용 정신은 미국민 모두에게 감동으로 퍼져나갔다.

전쟁이 끝났다는 기쁨을 가득 안고 링컨은 재선 대통령의 신분으로 워싱턴으로 돌아왔다. 그는 워싱턴으로 돌아오자마자 마차 사고로 치료 중인 국무장관 수어드를 문병했다. 그의 손을 잡고 전쟁이 끝나가고 있다고 전하며 기쁨을 나누었다. 다음 날 각료회의에서 링컨은 '너무 많은 생명이 희생되었다. 이제는 미래를 위해 마음속 원한이 소멸되어야 한다'고 말했다. 대통령의 마음속에는 남과 북이 아니라 오직 미국 하나뿐이었다.[22]

---

22 링컨은 전쟁을 승리로 이끌기 위한 지극한 노력 외에도 국가 발전에 대한 관심도 늘 가지고 있었다. 미국을 전쟁 후 획기적으로 발전시킨 대륙횡단철도 건설 계획을 통과시키고 국가 소유의 많은 땅을 기꺼이 많은 사람에게 분배해 수십만 가구가 기회를 잡고 정착할 수 있는 홈 스테드법(Home stead act)도 만들어 승인시켰다.

대통령 재선

그 누구에게도 악의를 가지고 대하지 맙시다.

with malice toward none,

모든 사람을 사랑합시다.

with charity toward all,

하나님이 우리에게 정의를 보여준 것과 같은 정의에 대해 확신을
가집시다.

이제 우리는 전쟁을 끝내는 데 최선을 다합시다.

이 나라가 입은 상처를 동여맵시다.

전쟁으로 사망한 사람, 그의 아내, 그의 고아들을 돌봅시다.

그래서 우리들 사이에서, 나아가 모든 나라에서 정의롭고 영원한
평화가 달성되고 지속될 수 있도록 모든 일을 합시다.

- 1865년 3월 4일 두 번째 대통령 취임사 중에서

1864년 봄, 아직 임기가 1년이나 남아 있었지만 링컨은 자신의 역
사적 소명을 마무리하기 위해 다음 대통령 선거에 대비한 재선 운
동을 시작했다. 공화당은 1862년 중간선거에서 상당한 손실을 입
었고 이러한 여파는 링컨에게도 타격을 입혔다. 그러나 시간이 흐
를수록 전황은 북부에게 유리하게 전개되었고 노예 해방에 따른
국내외적인 긍정적인 효과는 링컨의 당선을 원활하게 만들었다.

링컨 대통령 재선 취임식 장면

공화당 내의 반 링컨 세력은 민주당에 대한 확실한 승리를 담보하기 위해 그랜트 장군을 후보로 내세우기를 원했지만 장군이 응할 리 없었다.[23]

상대 당인 민주당의 후보는 이전의 북부군 총사령관을 지낸 겁쟁이 장군 조지 매클렐런으로 굳혀졌다. 민주당은 전쟁을 반대하고 정전을 주장하는 강령을 채택한다. 이윽고 1862년 공화당 전당대회에서 대통령 후보 에이브러햄 링컨, 부통령 후보 앤드루 존슨Andrew Johnson이 선출되었다.

1864년 12월 12일 자정이 되자 최종 결과가 거의 확실해졌다. 국민투표에서도 선거인단 투표에서도 링컨은 압도적으로 승리했

---

23 훗날 그랜트 장군은 미국의 18대 대통령으로 선출되었다.

다. 국민투표에서는 55%의 지지를 얻었고 선거인단에서는 212대 21이라는 압도적 승리였다. 이로써 링컨 대통령은 전쟁을 끝내고 화합하여 미국을 예전보다 더욱 강고한 국가로 만든다는 목표를 추진할 수 있는 동력을 얻게 되었다.

만약에 그 당시 링컨이 평화주의자들의 종전 요구나 초기의 전투에서의 패배로 소심해져 남부연합과 종전 협상을 하고 전쟁이 마무리되었다면 역사는 어떻게 되었을까? 오늘날의 하나 된 미국, 지구상 최강의 나라 미국은 존재하기 어려웠을 것이다. 남과 북은 둘로 갈라져 끝없는 갈등과 대립 모드의 악순환 속에 살았을 것이다. 더구나 두 지역은 내전이라는 전쟁을 치르며 적으로 인식되어 온 처지라 더욱 그러했을 것이다.

그런 면에서 미국민이 평가하는 미국을 구한Saved America 링컨에 대한 역사적 평가는 조금도 과하거나 치우침이 없다. 비록 링컨은 두 번째 임기를 시작하자마자 세상을 떠났지만 세월이 흐를수록 미국과 자유 세계의 구성원들은 그가 기울인 노력의 지향점을 존경과 자부심으로 바라보는 것이다.

온갖 미사여구를 동원해 수많은 정치인이 국민을 현혹해도 결국은 시간이 흐르면 그 실체가 드러나는 법이다. 그래서 그를 지지한 사람들을 실망과 절망에 빠뜨린다. 하지만 드물게는 시간이 흐를수록 빛을 발하는 정치인도 존재하는 것이 세상의 이치다.

링컨이 그 중의 한 사람이다.

역사 속으로

대통령에 있으면서 링컨처럼 자주 암살 위협의 대상이 된 사람은 없을 것이다. 그는 처음 대통령에 당선되어 스프링필드에서 워싱턴으로 들어오는 길에서부터 암살 위협에 시달렸다. 노예 상인이나 남부의 신문들은 공공연하게 링컨의 암살에 현상금을 걸었다.

존 윌크스 부스John Wilkes Booth는 메릴랜드 출신으로 배우 집안에서 태어났다. 그의 아버지는 일류 연극배우였고 형도 마찬가지였다. 반면에 부스는 배우로서의 재능이 별로였다. 그는 배우 수업보다는 천성적으로 말을 타고 질주하거나 총을 쏘거나 파괴하는 것을 좋아했다. 그의 이러한 파괴적이고 충동적인 성정은 그로 하여금 기회가 되면 폭발하는 뇌관 역할을 했다.

존 윌크스 부스
John Wilkes Booth
1838. 5. 10.~1865. 4. 26.

그는 아버지와 형처럼 유명해지고 싶었다. 그는 일차 목표를 대통령 납치에 두었다. 그리고 그 방법을 찾았다. 세상이 놀랄 사건의 주인공이 되는 것이었다. 부스가 첫 번째 사건의 대상으로 삼은 것이 대통령 납치나 암살 사건이었다. 그는 대통령을 납치해 남부 리치몬드로 데려가 북군에 잡혀있는 남군 포로를 석방시켜 달라고 요구할 셈이었다. 성공하면 자신은 단숨에 영웅이 될 것이고 아버지나 형보다 몇십 배 더 유명해질 것이라 확신했다.

게다가 그는 심각한 인종차별주의자였다. 링컨이 흑인들을 노예의 상태에서 벗어나게 하고 심지어는 투표할 수 있는 권리를 보장한다는 것을 도저히 용납할 수 없었다. 이것은 부스의 잠재되어 있는 흑인에 대한 분노를 더욱 부채질했다.

부스는 대통령을 납치하거나 암살하겠다고 맹세하고 이를 실현하기 위해 뜻을 같이할 사람들을 모았다. 남부를 지지하거나 사회에 불평을 가진 부류들이 합류했다. 새무얼 아놀드Samuel B.Arnold, 조지 에체롯George A.Atzerodt, 데이비드 헤럴드David Z.Herold, 마이클 오래플린Michael O.laughlen, 메리 수랏Mary E.Surrat, 루이스 파월Lewis T.Powell, 새무얼 머드Samuel A.Mudd 등으로 그들 일당은 메리 수랏이 운영하는 여관에 모여 음모를 꾸몄다.

범행조는 몇 차례 대통령의 이동 코스에 잠복해 때를 기다렸으나 다행히도 링컨은 그곳을 지나지 않았다. 그러다가 남군이 항복하자 그들은 납치가 적절하지 않다고 판단하고 암살하는 것으로

존 윌크스 부스
John Wilkes Booth

새무얼 아놀드
Samuel B.Arnold

조지 에체롯
George A.Atzerodt

데이비드 헤럴드
David Z.Herold

마이클 오래플린
Michael O.laughlen

메리 수랏
Mary E.Surrat

루이스 파월
Lewis T.Powell

링컨을 살해한 공범들

목표를 정했다.

그들은 암살 명단에 대통령뿐 아니라 앤드류 존슨 부통령, 수어드 국무장관과 그랜트 장군까지 올렸다. 그들은 이 작업을 성사시켜 워싱턴을 혼란에 빠뜨리고 미국 정부를 전복시키겠다는 엄청난 음모를 세웠다. 구체적인 계획 내용은 다음과 같았다. 부스는 극장에서 대통령과 그랜트 장군을 암살하고, 에체롯은 부통령 앤드루 존슨을 머물고 있는 숙소에서, 파월과 헤럴드는 부상으로 자택에서 요양하고 있는 수어드 국무장관을 부스의 암살시간에 맞추어 동시에 암살하기로 최종 계획을 짰다.

리 장군이 항복한 6일 후인 1865년 4월 14일은 성 금요일로 그리스도의 십자가 수난일이다. 날씨는 화창했고 대통령은 모처럼 하루를 행복한 일정으로 채울 계획을 세웠다. 전쟁에서 돌아온 큰아들 로버트와 함께 아침 식사를 하며 그동안의 고생을 격려하고 이제부터는 학업에 전념할 것을 당부했다.

오전 11시에는 그랜트 장군이 방문해 전쟁이 끝난 남부의 뒤처리 문제를 의논했다. 링컨은 남부에서 박해나 학대 그리고 차별이 이루어져서는 안 된다고 재차 강조했다. 화합과 단합을 위해서는 승자의 마음속에 있는 적개심이나 복수 감정을 없애야 한다는 것이 그의 굳은 신조였다. 이어 열린 내각회의에서도 관용에 중심을 둔 대통령의 지시는 이어졌다.

링컨 부부는 저녁 공연 관람 일정 때문에 이른 저녁 식사를 마쳤다. 부인과 함께 마차를 타고 가면서도 내내 행복하고 즐거워했다. 전쟁이 끝나고 평화가 온 것이 그의 마음을 한없이 즐겁게 만들었다.

그날 밤 링컨은 영부인과 함께 포드극장에서 열리는 코미디 연극 '우리 미국인 사촌Our American Cousin' 공연을 볼 예정이었다.

대통령 부부의 일정과 동석자 명단이 부스에게 전달되었다. 그 내용에는 예정된 그랜트 장군 부부 대신 헨리 래스본Henry Rathbone 소령과 그의 약혼녀 클라라 해리스Clara Harris가 앉을 것이라는 정보가 담겨 있었다.

부스는 일당들을 긴급하게 불러 모아 대통령, 부통령, 국무장관의 동시 암살을 지시했다. 암살 실행 시간은 밤 10시 15분으로 정해졌다.

부스는 계획대로 대통령은 자신이 맡고 에체롯은 부통령을, 파월은 헤럴드와 함께 자택에서 요양 중인 수어드 국무장관을 죽이기로 했다. 그러나 결과적으로 부통령을 맡은 에체롯은 겁이 나서 도중에 포기했고, 국무장관을 맡은 파월은 칼로 깊은 상처를 입혔지만 죽이는 데는 실패했다. 성공한 것은 오직 부스였다.

극장으로 달려간 부스는 평소 잘 아는 극장 직원의 협조로 대통령이 앉을 좌석을 둘러보고 상세하게 암살계획을 세웠다.

밤 9시 20분 대통령 부부와 함께 연극을 관람할 래스본 소령과 그의 약혼자 클라라 양이 먼저 도착해 별도로 마련된 특별석에 자

포드극장 내부. 오른쪽 커튼 뒤편이 링컨 대통령이 앉아 있던 자리다

리를 잡고 앉았다. 원래는 그랜트 장군 부부가 참석하기로 되어 있었지만 대통령 부인 메리와 매우 사이가 나쁜 장군 부인이 결사적으로 참석을 거부했다. 그래서 장군 대신 래스본 소령 일행이 참석한 것이었다.

대통령이 입장하자 잠시 연극이 중지되고 악단이 대통령 공식 환영곡인 '대통령 찬가Hail to the chief'를 연주했다. 객석의 1천7백여 관객은 그를 열렬히 환영했다. 링컨은 손을 흔들어 답례하고 일행과 함께 자리에 앉아 연극관람을 시작했다. 남부 리 장군의 항복으로 대통령은 마침내 마음을 놓았고 몇 년 만에 처음으로 자유롭게 웃을 수 있기를 기대했다.

오랜만에 아내와 함께 극장에 앉은 링컨은 드물게 부인 메리의 손을 잡고 미소를 지었다. 메리가 쑥스러워 하며 "이렇게 손을 잡고 있으면 해리스 양이 어떻게 생각하겠어요"라고 하자 링컨이 "아무 생각 없겠지"라고 답했다. 이 말이 링컨이 세상에 남긴 마지막 말이 되었다.

링컨 암살에 쓰인 데린저식 권총
Ford's Theatre in Washington D.C.

운명의 순간 10시 10분경. 한창 연극이 공연되는 시간에 미리 객석에서 기다리던 부스는 자리에서 일어나서 건물 뒤쪽의 계단을 올라 대통령이 앉아 있는 특별석 쪽으로 걸어갔다. 제지하는 사람 없이 부스는 대통령 일행이 있는 특별석 공간으로 들어 갔다. 10시 13분경 그는 연극에 집중하고 있는 대통령 일행의 뒤로 다가가 데린저식 권총으로 링컨 대통령의 머리 왼쪽 귀 뒤를 향해 방아쇠를 당겼다.

총에 맞은 링컨은 그대로 머리를 떨구며 옆으로 쓰러졌다. 부인 메리의 비명이 터져 나왔다. 옆자리에 있던 래스본 소령이 '저 놈 잡아'하고 소리치며 부스에게 달려들었지만 부스는 권총을 버리고 칼을 휘둘러 소령의 가슴을 찔러 중상을 입힌 다음 객석으로 뛰어 내렸다. 뛰어내릴 때 다리를 다쳐 절뚝대면서 무대에서 라틴어를 연극 대사인 양 큰소리로 외쳤다.

존 윌크스 부스가 링컨 대통령 암살 후 도주하는 장면(1865년 4월 14일)

"폭군은 언제나 이렇게 될 것이다Sic Semper Tyrannis, 식 셈페르 튀란니스"

그런 다음 부스는 혼란에 빠져 아우성치는 관객들 사이로 극장을 빠져나가 밖에 매어놓은 말을 타고 달아났다. 총소리를 연극인 줄 알았던 관객들은 대통령의 피격 사실을 알고 나서 엄청난 충격과 혼란에 빠졌다.

연극을 관람하던 찰스 릴Charles Leale이라는 외과 군의관이 달려와 쓰러진 대통령의 상태를 살폈다. 두 번째로 달려온 찰스 새번 태프트Charles Sabin Taft 의사가 링컨의 왼쪽 귀 바로 뒤쪽에 총탄 자국을 발견했다. 그는 자세히 검사한 후 대통령이 치명적이라고 말했다.

외과 군의관 찰스 릴 Charles Leale
1842. 3.26.~1932. 6.13.

윌리엄 피터슨의 하숙집에서
총상을 입은 대통령이 누워있다.

네 명의 군인이 10번가 길을 가로질러 윌리엄 피터슨 소유의 하숙집으로 링컨을 모셨다. 릴 군의관은 다시 대통령의 손목을 잡고 느려지는 맥박 횟수를 세며 대통령이 서서히 영광과 수고로 가득 찬 세상을 떠나간다는 사실을 주위에 알렸다.

참변 소식을 듣고 달려온 주요 인사들은 밤새도록 죽음과 싸우고 있는 링컨의 침대를 둘러싸고 침통하게 그들의 위대한 대통령이 떠나는 마지막 시간을 함께했다.

다음 날인 1865년 4월 15일 아침 7시 22분, 링컨 대통령은 눈을 감았다.

죽음과의 사투를 하는 동안, 주변을 둘러싼 사람들은 점차 말로는 표현할 수 없는 평화로움이 가득 찬 표정의 링컨을 보았다. 맥박이 끊어지자 밤새 대통령을 치료했던 릴은 그의 양손을 접어 포개고 편안한 안식을 위해 눈을 감기고 눈 위에 50센트 은화를 놓았다.

1865년경 포드 극장　　포드 극장 맞은 편에 있는 윌리엄 피터슨의 하숙집

피니어스Phineas Gurley 목사가 임종 기도를 했고 모두가 위대한 대통령의 명복을 빌었다.

밤새 병상을 지키며 사태수습에 나섰던 전쟁장관 스탠턴은 누워 잠든 대통령에게 경례를 한 후 쏟아져 들어오는 햇빛을 가리려고 커튼을 쳤다. 그리고 역사적인 말을 남겼다.

"이제 그는 역사가 되었다. Now He Belongs to the Ages"

부스 일당의 끔찍한 범죄 행위는 대통령의 사망과 수어드 국무장관의 중태를 가져와 워싱턴을 혼란으로 빠트렸다. 이러한 위기를 최선을 다해 수습한 사람이 전쟁장관 스탠턴이었다. 그는 소식을 듣자마자 사태수습을 위해 필요한 조치를 해나갔다. 수어드 국무장관을 챙기고 이어서 대통령 곁에서 장군들을 소집해 나라가 혼들리지 않도록 지시를 했다. 이어서 암살범들을 반드시 체포하거나 부득이하면 죽여서라도 데려올 것을 경찰에 명령했다.

　스탠턴은 링컨이 사망하는 순간까지 놀랄 정도로 냉정과 침착한 태도를 유지했으나 대통령이 사망하자 주저앉아 통곡했다. 대통령과 장관 두 사람이 얼마나 가까웠는지 서로의 사랑과 신뢰 그리고 존경심이 얼마나 대단했는지 스탠턴은 죽는 날까지 링컨을 기리며 존경했다.

　백악관을 위로차 찾아온 인사에게 어린 아들 테드가 물었다.

　"아빠는 천국에 가셨나요?"

　"틀림없이 그렇다."

　"그렇다면 아빠가 돌아가셔서 기뻐요. 아빠는 이곳에 온 후에 전혀 행복하지 않았거든요. 아빠에게는 여기가 좋은 곳이 아니었어요."

링컨 대통령의 암살은 역사상 가장 중요한 사건 중의 하나였고, 당시 미국인들에게는 그들의 생애에서 일어난 가장 충격적이고 놀라운 일이었다. 시골 출신의 겸손하고 정직한 그러나 비범한 대통령이 떠났다는 것은 믿고 싶지 않은 일이었다.

　1865년 4월 19일, 백악관에서 먼저 장례예배가 열렸다. 장례예배에 참석할 수 있도록 초대받은 인사는 6백 명 정도로 제한했다. 공간이 부족한 탓이었다.

메리 여사는 남편인 링컨의 장례 절차에 참석하지 못했다.[24] 그녀는 암살 현장에 있었던 충격에서 벗어나지 못하고 있었다. 백악관 장례의 조사는 뉴욕 애비뉴 장로교회New York Avenue Presbyterian Church 파니어스 걸리 담임목사가 맡았다. 걸리 목사 외에도 수십 명의 워싱턴 지역 목사들이 참여했다.

걸리 목사는 "워싱턴 이래 링컨만큼 사람들의 마음속 깊이 단단하게 자리 잡고 신성시되는 사람은 없었다"고 평가했다. 장례 설교라는 특성상 고인에게 관대한 평가일 수 있으나 링컨을 건국 대통령 워싱턴과 같은 반열로 평가하기 시작했다는 점에 의의가 있었다.

백악관에서 장례예배를 마친 후 오후 2시부터 시신을 의사당으로 옮기는 운구식이 진행되었다. 링컨의 시신은 6마리의 말이 끄는 마차에 실려 펜실베이니아로를 따라 의사당으로 운구되었다. 운구 행렬이 지나는 펜실베이니아로 양옆에는 많은 사람이 나와 지켜보았다. 수많은 사람이 만들어 낸 운구 행렬은 일찍이 미국 역사에 없었던 장엄한 퍼레이드였다.

흑인 연대가 운구 행렬의 맨 앞장에 섰다. 그들 뒤를 이어 각 군, 포병, 보병, 기병부대가 따랐다. 운구 마차 뒤로는 가족과 관리 그

---

24 결혼한 지 23년 동안 극성스럽게 남편을 몰아대며 힘들게 했던 메리는 5주 동안 백악관에 누워 흐느끼면서 방에서 나오지 않았다. 자식들의 앞선 죽음과 남편의 죽음을 목도한 그녀는 그 충격으로 정신이상 증세가 와서 고생하다가 세상을 떠난 후 남편 곁에 묻혔다.

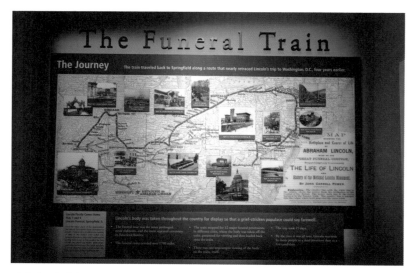

링컨 대통령 장례 특별열차 이동노선(워싱턴 D.C.에서 스프링필드로)
Ford's Theatre in Washington D.C.

링컨 대통령 운구가 안치된 장례 특별열차

리고 각국의 외교관들이 따랐다. 많은 흑인들도 거리로 나와 운구 행렬을 따랐다.

의사당으로 옮겨진 시신은 의사당 중앙 로비Rotunda에 안치되었다. 4월 20일 일반인에게 조문이 허락되자 이른 새벽부터 저녁 늦게까지 상복을 입은 조문 행렬이 관에 누운 링컨의 얼굴을 직접 보며 조문했다. 링컨의 죽은 얼굴을 바라보는 조문객들의 가슴에는 슬픔이 밀려왔다. 많은 조문객이 눈물을 흘렸다. 가장 슬프게 우는 사람들은 해방된 흑인 노예들이었다. 그들은 아버지를 잃은 듯 슬퍼했다.

4월 21일 링컨의 시신은 의사당에서 마차로 역까지 옮겨진 후에 특별 열차에 실렸다. 특별 열차의 행로는 1861년 대통령에 당선된 링컨이 스프링필드를 떠나서 워싱턴으로 오는 여정의 역순과 동일했다.

링컨의 시신을 실은 객차 바로 뒤 칸에는 링컨의 둘째 아들 윌리 링컨Willie Lincoln의 시신이 함께 실렸다. 윌리는 백악관에서 1862년에 사망한 후 워싱턴에 임시로 안장되어 있었다. 링컨의 대통령 임기가 끝나면 스프링필드로 데려가 가족 장지를 만들어서 매장할 계획이었다.

모두 8개 객차로 구성된 장례 열차에는 가족과 몇몇 고위 관리가 동승했다. 오전 8시 열차는 워싱턴역을 출발했다. 열차가 떠나는 것을 보기 위해 역으로 나온 사람들이 1만 명이 넘었다.

열차가 무겁게 움직였다. 열차는 만일의 사태에 대비해 시속 20마일(약 32km) 이상 달리지 않았다. 워싱턴을 떠난 열차는 같은 날 오전 10시 메릴랜드주 볼티모어에 도착했다. 볼티모어에는 하늘도 그의 죽음을 슬퍼하듯 비가 오고 있었다. 링컨의 시신은 상공인 건물Merchant Exchange Building에 안치되고 조문이 허락되었다. 조문할 수 있는 시간은 3시간이었다. 짧은 시간이었지만 1만여 명 이상이 조문했다. 노예주였던 메릴랜드주는 링컨에 적대적이었지만 이제는 죽은 링컨에 대해 변화된 태도를 보였다.

4월 21일 오후 3시 링컨의 시신은 다시 열차에 실려 볼티모어를 출발했다. 비가 계속 내리고 있었다. 오후 8시 반 열차는 펜실베이니아주 해리스버그Harrisburg에 멈추었다. 장례 열차를 보기 위해 역 주변 거리뿐 아니라 건물 발코니에도 많은 사람이 운집했다. 창에는 검은 천이 내려졌고 도시 곳곳에 검정 리본이 내걸렸다. 비가 억수같이 쏟아지는 가운데 시신은 열차에서 내려져 펜실베이니아주 의사당으로 운구되었다. 늦은 밤까지 수천 명이 조문했다. 밤 12시에 조문이 멈추자 수천 명이 건물 밖에서 줄을 서서 밤을 새웠다. 다음 날 아침 7시 조문이 다시 시작되었다.

4월 22일 오전 11시 15분 링컨의 시신은 해리스버그를 떠나 오후 4시 50분 필라델피아에 도착했다. 시신은 미국 독립이 선포되고 연방헌법이 만들어졌던 역사적인 독립기념관Independence Hall에 안치되었다. 조문객들은 새벽 1시까지 이어졌다. 조문 시간이 지난

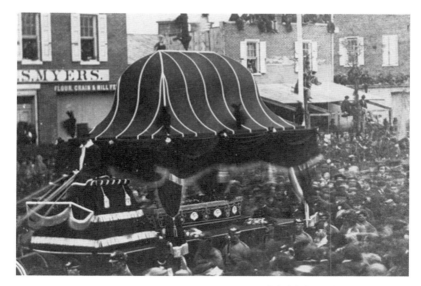

후에도 사람들이 건물 밖에서 기다리자 새벽 5시에 조문을 다시 허락했다. 시간이 지날수록 조문객의 줄이 길어지더니 10시가 되어서는 3마일(약 4.8km)이나 되었다. 조문하려면 적어도 5시간을 기다려야 했다.

필라델피아에서 이틀을 지낸 후 4월 24일 월요일 오전 4시 링컨은 허드슨강을 따라 뉴욕으로 들어갔다. 10시 50분 뉴욕에 도착해 뉴욕시청에 안치되었다. 뉴욕에서는 전날 일요일 예배 때 당대 최고의 명성을 누리던 브루클린 플리머스 교회의 헨리 비처Henry Ward Beecher 목사가 설교에서 링컨을 모세에 비유했다. 모세는 하나님께 이끌리어 비스가Pisgah 산정에 올라 멀리 보이는 약속의 땅을 바라보았다. 그러나 모세가 바라본 그 땅은 모세 자신은 들어갈 수 없는 땅이었다. 링컨은 연방을 구했으나 전쟁의 정치적 승리를 맛볼 수 없었던 점에서 모세와 같다고 본 것이다.

링컨의 시신이 뉴욕에 안치되어 있는 24시간 동안 약 12만 명의 뉴욕 주민들이 조문했다. 관이 운구되는 거리에는 뉴욕시가 건설된 이후 최대의 인파가 모여들었다. 많은 사람이 운구 행렬 뒤를 따르기도 했다.

운구 행렬이 지나간 다음 유니언 스퀘어Union Square에서는 링컨을 기념하는 군중 집회가 열렸다. 2천 명의 군중들 앞에서 역사학자 조지 밴크로프트George Bancroft가 조사를 읽었다. 밴크로프트는 링컨의 인간적인 측면보다는 연방을 구하고 노예를 해방시킨 대통령으로서의 업적을 강조했다.

4월 25일 오후 4시 장례 열차는 뉴욕주 수도인 올버니, 버펄로를 거쳐 오하이오주 클리블랜드, 콜럼버스, 인디애나주 인디애나폴리스를 지나 일리노이주 시카고에 도착했다.

5월 1일 링컨의 시신이 시카고에 도착하자 약 13만의 사람들이 안치된 링컨을 찾아 조문했다. 시카고에서 하루를 지낸 후 링컨의 시신은 스프링필드로 향했다. 5월 3일 아침이었다. 열차가 지나온 지역은 모두 7개 주, 거리는 1천7백 마일이나 되었다. 연인원 수백만 명이 장례 열차를 보거나 혹은 조문에 참여했다.

열차가 지나가는 철도변 집들은 창문에 검은 리본을 내걸었다.

들에서 일하다 장례 열차를 본 사람들은 일을 멈추고 고개를 숙이거나 모자를 벗어 조의를 표했다. 철로변 마을에서는 밤에 모닥불과 횃불을 밝혔다. 검은 휘장을 내린 장례 열차가 시민들의 가슴에 깊은 슬픔을 남기며 천천히 스프링필드로 향해 갔다. 미국 사회가 일찍이 경험해 보지 못한 일이었다.

장례 열차가 멈추는 도시에서는 시신이 도착하는 날을 공식적인 장례일로 선포해 오전에만 업무를 보았다. 워싱턴 장례식부터 스프링필드 안장 때까지의 기간 동안 전국 곳곳의 교회에서 추도 예배나 기념 집회가 있었다. 매사추세츠 콩코드에서 열린 집회에서 시인이자 사상가인 랄프 왈도 에머슨Ralph Waldo Emerson은 "링컨은 유럽의 전통과 문화에 오염되지 않은 순수한 진짜aboriginal 미국인이었다"고 했다.

링컨은 미국 민주주의를 실천하는 평범한 국민a plain man of the people의 상징이었다. 그렇게 평범한 링컨이 대통령이 된 것은 커다란 운이 따랐기 때문이었다. 그러나 이런 운은 저절로 오는 것은 아니었다. 노력의 결과로 운도 찾아온 것이다. 무엇보다 링컨은 의심할 여지가 없는 순수한 얼굴과 솔직한 태도를 가지고 있었다. 그것은 사람들에게 그에 대한 선한 인상을 줄 수 있었다. 에머슨에게 링컨은 '사악한 것이 전혀 없는 인간a man without vices'이었다. 링컨은 평범하지만 모든 좋은 장점을 다 갖춘 보통 사람이면서 동시에 영웅으로 칭송되었다.

5월 3일 링컨의 시신은 마침내 스프링필드에 있는 일리노이주 의사당에 안치되었다. 스프링필드 사람들은 깊은 슬픔에 젖어 있었다. 링컨은 대통령에 취임하러 가기 전 스프링필드 사람들 앞에서 "반드시 돌아올 것입니다"라고 말했었다. 그 약속대로 링컨은 돌아왔다. 그러나 링컨은 살아서 돌아오지 못했다. 장엄한 예배가 있고 또한 조문 행렬이 이어졌다.

5월 4일 링컨은 마침내 스프링필드 오크리지Oak Ridge에 안장되었다. 벽에는 스탠턴 장관이 말한 '그는 이제 역사가 되었다'가 새겨졌다. 장지는 부인의 결정에 따랐다. 링컨 부인은 링컨을 죽은 아들과 떨어져 묻을 수 없다며 가족 묘원으로 계획해 놓은 오크리지 묘원Oak Ridge Cemetery [25]에 안장하도록 요구했다. 링컨의 장례 의식은 사망한 4월 15일부터 5월 4일 안장까지 반달 이상 걸린 셈이었다.

장례식이 끝난 후에도 장례 분위기는 계속되었다. 새로 대통령에 취임한 존슨 대통령은 1865년 6월 1일을 국가기도일로 지정하고 금식과 죽은 이를 위해 기도할 것을 선포했다. 금식일 설교는 대부분 링컨에 대한 조사와 그를 칭송하는 말로 채워졌다.

보스턴에서는 거대한 기도회와 퍼레이드가 있었다. 보스턴 추도식에서 올리버 홈스Oliver Wendell Homes의 시가 성가로 작곡되어 불

---

[25] 오늘날 오크리지 묘원은 알링턴 국립묘지Arlington National Cemetery 다음으로 미국인들이 많이 참배하는 곳이다.

스프링필드 북서쪽에 위치한 오크리지 묘원 Oak Ridge Cemetery
(상)링컨을 기리는 추모탑. 링컨의 동상과 보병, 기병, 포병, 해병의 조형물로 장식된 첨탑이 솟아있다.
(중) 묘소 내부. 입구를 들어서면 곧바로 보이는 링컨 대통령의 좌상.
(하) 링컨의 유해가 안치된 석관.

렸다. 추도사는 급진 개혁파 정치인인 찰스 섬너Charles Sumner가 읽었다. 그는 '독립선언문의 약속과 에이브러햄 링컨'이라는 제목의 추도사를 바쳤다. 그는 "워싱턴이 사망한 이후 처음으로 위대한 지도자의 상실로 온 국민이 하나로 뭉쳐 기도하게 되었다"고 말했다. 섬너는 "워싱턴이 시작한 일을 링컨이 마무리 지었다"고 평가했다.

링컨의 장례를 치르면서 미국 사회 전체가 유례없는 깊은 슬픔의 경험을 공유했다. 누구보다 남북전쟁 때 사망한 수십만 전사자의 가족들은 가족을 잃고 시신을 열차에 싣고 가는 링컨 가족의 슬픔을 가슴으로 공감하고 있었다.

링컨은 죽었으나 사람들의 마음에 영원한 기억을 남기고 떠났다. 이런 기억 속에 링컨은 신화로 다시 탄생되고 있었다.

서부의 농부들은 링컨이 죽은 다음 일 년 동안 들새 찌르레기가 울음을 멈추었다고 했고, 어떤 시계공은 자신의 시계가 링컨이 숨진 7시 22분에 멈추었다고 말했다. 링컨에 대해 비판하는 말들은 갑자기 모두 사라졌다. 신문마다 링컨은 위대했다는 글로 채워졌다.

시인 휘트먼은 추모시에서 링컨을 라일락과 저녁별에 비유했다. 헨리 브라우넬Henry Howard Brownell은 애틀랜틱 먼슬리Atlantic Monthly 10월호에 남북전쟁에서 죽은 병사들이 천국에서 링컨을 아버지로 부르는 시를 썼다. 같은 시에서 브라우넬은 십자가에서 죽은 예수가 링컨을 환영하기 위해 기다리고 있다며 링컨의 죽음을 미화했다.

그를 조롱하거나 무시했던 사람들이나 적이 되어 싸웠던 남부에서 더욱 추모의 열기가 끓어올랐다. 남부 사람들은 자신들을 보호하고 지켜주던 대통령을 잃었다는 사실에 애통해했다. 대통령을 암살해 남부의 영웅 칭호를 받고 싶었던 부스 일당은 오히려 남부에서 '친아버지를 죽인 범죄자'라는 평가를 받았다.

누구도 미워하지 않고 모두에게 사랑과 인정을 베풀었던 링컨의 진심을 그가 떠난 후에야 사람들은 더욱 절실하게 느끼고, 그의 겸손함이 위대함의 포장임을 알았다. 그를 비판했던 사람들은 자신들의 성급하고 과격한 비난 행위가 얼마나 진실과 동떨어져 있는지를 깨달았다.

그랜트 장군은 "에이브러햄 링컨보다 그 이름이 역사에 밝게 빛나는 사람은 없을 것이다. 내가 아는 한 링컨은 가장 위대한 지도자였다"고 말했다. 시인 월터 휘트먼Walter Whitman은 "에이브러햄 링컨은 19세기의 가장 위대한 사람이었다"고 말했다. 러시아 최고의 작가 톨스토이는 링컨을 가리켜 "모든 영웅을 무색하게 만드는 위대함을 가진 인물"이라고 칭송했다.

그리고 무엇보다도 링컨의 위대함은 시간이 흐를수록 더해진다는 사실이다.

암살범의 최후

암살범 부스는 극장에서 뛰어내리다 부상당한 채 공범 헤롤드와 함께 말을 타고 달아나다가 워싱턴 외곽의 시골 의사에게 가서 치료를 받았다. 의사는 링컨 대통령 암살 소식을 알지 못했기 때문에 의심 없이 치료해주었다.

잠시 휴식을 취한 부스는 공범과 함께 다시 출발했다. 추격하는 사람들을 피해 길이 없는 늪지대로 들어갔다가 길을 잃고 4시간 동안 헤매다가 오스왈드 스완이라는 흑인에게 구조되었다.

그러고 나서 남부 지지자인 콕스의 집을 찾아가 자신의 행위를 설명하고 도움을 요청했다. 콕스는 근처의 숲에 피신하도록 도와주었다. 부스 일행은 그곳에서 5박 6일 동안 머물렀다. 그곳에서 부스는 가져다주는 신문을 보며 뭔가 잘못되었다는 것을 깨달았다. 자

부스의 도주로

1865년 4월 26일 부스가 죽은 개럿 농장

신이 저지른 '영웅적 행위'가 자신을 지지하리라 믿었던 남부에서 조차 비난받고 있었기 때문이다. 그는 자신의 행위가 이토록 철저하게 비난받는 것에 대해 절망에 휩싸였다.

그가 숨어 있는 동안 3천 명의 형사와 1만 명의 기병이 근처를 샅샅이 수색하고 있었다.

부스에게는 현상금 10만 달러가 붙었다. 다시 그들은 도주를 시작했고 이곳저곳을 피해 다니다가 개럿 농장Garrett's Farm의 헛간에 몸을 숨겼다. 뒤를 쫓던 추격대가 포위하고 부스에게 항복할 것을 권고했다. 공범 헤럴드는 공포에 떨며 항복했지만 부스는 끝까지 저항하다가 총에 맞아 죽었다. 링컨이 세상을 떠난 지 11일째인 4월 26일이었다. 그는 죽어가면서 마지막으로 '헛되도다! 헛되도다!'라고 중얼거렸다. 광신적 살인자의 비참한 최후였다.

나머지 공범들은 어떻게 되었을까. 스탠턴 장관의 신속한 지시 아래 암살범들의 본거지 메리 수랏의 여관을 급습한 수사대는 많은 증거물을 확보하고 공범들을 차례로 체포했다. 그들은 엄격한 군사재판 아래 사형을 언도받았고 선고 다음 날인 1865년 7월 7일 교수형에 처해졌다.

교수형을 받은 4명은 조지 애체롯, 루이스 파월, 데이비드 헤럴드, 메리 수랏이었고 나머지는 종신형 등 엄벌에 처해졌다. 메리 수

앤드류 존슨
Andrew Johnson
1808. 12. 29.~1875. 7. 31.

1865년 7월 7일 워싱턴 D.C의 맥네어 요새에서 거행된 암살범 사형집행 장면

랏은 건국 후 지금까지 여성을 사형한 적이 없었기 때문에 사면을 요청했지만 대통령 권한 대행이던 앤드류 존슨 부통령은 단호하게 거부하고 형을 집행하도록 지시했다.

Leader,
Lincoln

링컨의
리더십

링컨의 리더십
Lincoln's Leadership

링컨의 리더십을 일관하는 '관용과 화해를 통한 국가의 통합정신'
은 시대를 넘어 영원한 미국의 가치관으로 자리하고 있다. 링컨은
힘든 업무에 짓눌려 있으면서도 온화하고 침착한 태도를 유지했으
며 사소한 비난과 불만에 흔들려 판단하거나 결정하지 않았다.

링컨이 대통령 재임 시 백악관은 아침부터 저녁까지 그를 만나
려는 사람들로 들끓었다. 오늘날처럼 사전신청이나 엄중한 경호를
통과해야 하는 것이 아니었다. 그냥 찾아와 자신의 이야기를 대통
령에게 하소연하는 형태였다. 대통령은 경호를 끔찍이도 싫어했고
자신의 임무 중 중요한 하나는 많은 사람을 만나 그들의 이야기를
경청하는 것이라 믿었다. 여기에서 유명한 링컨의 '여론 목욕Public
Opinion Baths'이 탄생한다. 대통령 취임 다음날부터 시작한 여론 목
욕은 그의 재임기간 내내 지속되었다.

당시 대통령의 주요 비서였던 존 니콜라이John Nicolay와 존 헤이 John Hay는 '대통령 집무시간의 75%는 국민들을 만나는 일이었다' 고 훗날 회고했다. 다음 내용은 비서 존 헤이가 남긴 링컨의 대화 내용이다.

"나는 이렇게 많은 사람들을 만나는 것을 여론 목욕이라고 부릅니다. 사실 나는 신문도 읽을 시간이 없기 때문에 이런 방법으로 국민의 의견을 듣고 있습니다. 물론 의견이 좋지 않은 경우도 있지만 전반적 으로 그 효과는 혁신적이고 나에게 힘을 줍니다. 위기의 시대에 국민의 목소리는 하나님의 목소리와 버금갑니다."

이뿐만이 아니다. 남북전쟁 동안 위험을 무릅쓰고 전쟁 기간 중에 는 한 달에 평균 20여 일을 전쟁터를 찾아 군인들을 위로하고 격려 했다. 이처럼 직접 여론을 통해 국민의 생각을 직시했고 전쟁터 방 문을 통해 모든 문제의 해결 방법은 현장에 있다는 진리를 실천했 다. 그의 이러한 진심에서 우러나오는 직무수행은 국민과 군인들의 지지를 끌어올리는 원동력이 되었다.

또한 링컨 리더십의 빛나는 부분은 적재적소(適材適所)가 아니라 적소적재(適所適材)의 인재 등용 원칙에 있다. 즉 그 자리에 가장 적 임자가 누구냐 하는 것이 링컨의 원칙이었다. 미국은 처음부터 자 유민주주의 국가로 출발했다. 그런 연유로 국민들은 자신의 주장을 감추거나 굽히는 것보다는 내세우고 관철하는 것을 당연한 권리로 인식했다.

그는 이러한 상황을 직시하고 그 해결책으로 진영논리가 아닌 미국 전체의 국익을 먼저 내세우는 인사원칙을 세웠다. 개인 간의 생각이 다르고, 정당 간의 입장이 다르고, 각 주마다 이해관계가 상충하고, 남북 간의 지향점이 어긋나있는 당시의 미국에서 취한 대통령의 놀라운 행보는 감동과 감탄 그 자체였다.

그가 임명한 장관들을 보면 자신이 대통령보다 낫다고 생각하거나, 심지어는 대통령을 자신보다 밑에 있는 사람으로 인식하던 사람들도 있었다. 물론 자신을 혹독하게 비방한 사람도 포함되었다. 그러나 링컨의 원칙은 오직 하나였다. '그 자리에 누가 적임자인가?'

나라는 분열되고 전쟁이 시작된 최악의 상황에 대한 타개책으로 대통령 링컨은 미국 역사상 가장 독특한 내각을 구성했다. 그의 내각에는 자신이 속한 공화당뿐만 아니라 민주당, 보수파, 중도파, 급진파, 강경파, 타협파 등 실로 모든 파벌을 수용한다는 원칙 하에 그중에서 가장 적임자를 임명했다. 당시 해군장관으로 임명한 기드온 웰스에게 한 말에 그의 인사 철학이 녹아있다.

"나는 대통령에 당선되자마자 이 무거운 짐을 나누기 위해서는 나와 다른 생각을 가진 사람들의 지원이 절대적으로 필요하다는 것을 느꼈습니다."

　자신의 측근이나 충성을 맹세하는 사람이 아닌 본인의 능력과
국가에 대한 충성 그리고 헌신도를 따져 그중 적임자를 중용하는
링컨의 리더십은 오늘날에도 빛을 발한다.

그가 선임한 장관들의 면면을 살펴보자.
　링컨은 모두 7개의 각료 자리 중 3자리(4명)를 상대 당인 민주당
인사로 채웠다. 전쟁장관 시몬 카메론(그는 임기 초기 비리 혐의로 물
러나고 스탠턴이 임명되었다), 해군장관 기드온 웰스, 우정장관 몽고
메리 블레어가 그렇다. 부통령도 민주당 출신이었다.
　그리고 1860년 공화당의 대통령 후보 공천과정에서 치열하게
경쟁했던 자기 출신 당의 인사들에게 자리를 맡겼다. 뉴욕 출신의
윌리엄 수어드[26]는 선임장관인 국무장관, 오하이호 출신의 샐먼 체
이스는 재무장관, 그리고 미주리 출신인 에드워드 베이츠는 법무
장관에 발탁되었다. 링컨이 내각 명단을 발표하자 세상은 놀라움과
의아심으로 대통령의 속내를 저울질했다. 특히 후임 전쟁장관으로
임명된 스탠턴은 평소 링컨과 지나칠 정도로 대립 관계였기 때문

26　1867년 미국이 러시아로부터 720만 달러에 한반도 7배 크기의 알래스카를 매입한
　　바로 그 사람이다. 수어드 장관의 투자는 오늘날 '역사상 최고의 투자'라고 평가받고
　　있다.

링컨 행정부 주요 내각

이름	지역	진입배경	교육	소속정당	경력	내각	비고
윌리엄 수어드 William H. Seward	뉴욕	부유한 상류층	유니온대학 수석졸업	휘그당-공화당	뉴욕 주지사/연방상원의원	국무장관	대통령 후보 라이벌, 높은 당충성도, 선거 도움, 링컨 무시/강경파
샐먼 체이스 Salman P Chase	오하이오	부유한 상류층	신시내티 대학, 다트머스 대학	휘그당-자유당-자유토지당-공화당	연방상원의원/오하이오 주지사	재무장관	대통령 후보 라이벌, 높은 당충성도, 선거 도움, 링컨 무시/급진파
사이먼 캐머론 Simon Cameron	펜실베니아	하류층	무학	민주당-노낫싱당-공화당	연방상원의원	전쟁장관	대통령 후보 라이벌, 선거 도움, 부정비리로 해임/중도파
에드워드 베이츠 Edward Bates	미주리	부유한 상류층에서 몰락	프린스턴 대학 입학후 자퇴	휘그당-공화당	연방하원의원/연방상원의원	법무장관	대통령 후보 라이벌, 높은 당충성도, 선거 도움/보수파
기드온 웰스 Gideon Welles	코네티컷 켄터키	중산층	노리치 군아카데미	민주당-공화당	언론인/해군보급국장	해군장관	높은 당충성도, 선거 도움/중도파
몽고메리 블래어 Montgomery Blair	메릴랜드	중산층	육군사관학교	민주당-공화당	변호사	우정장관	높은 당충성도, 선거 도움/보수파
칼렙 스미스 Caleb B. Smith	인디애나	중산층	신시내티 대학, 마이애미 대학	휘그당-공화당	언론인/연방하원의원	내무장관	높은 당충성도, 선거 도움/보수파
에드윈 스탠턴 Edwin Stanton	오하이오	중산층	케니언 대학	민주당	법무장관	전쟁장관	수확기 소송에서 링컨을 굴욕/급진파
한니발 햄린 Hannibal Hamlin	메인	중상류층	헤브론 아카데미	민주당-공화당	연방하원의원/연방상 원의원/메인주 주지사	부통령	1860년 선거에서 북동부 배려/중도파
앤드류 존슨 Anderew Johnson	테네시	하류층	무학	민주당	연방상원의원/테네시 군정지사	부통령	1864년 선거에서 남부 배려/중도파

출처: DeGregorio(2001, 225-246)

에 더욱 그러했다. 당시 시카고 트리뷴Chicago Tribune 기자 조셉 메딜Joseph Medill이 대통령에게 정적과 반대당에서 장관 인선을 한 이유가 무엇인지를 물었을 때 링컨은 이렇게 답했다.

"이 나라는 위기에 처해 있습니다. 우리 내각에는 이 나라에서 가장 강하고 유능한 사람을 필요로 합니다. 나는 이들이 가장 유능하다는 것을 압니다. 그래서 나는 대통령으로서 이 나라에서 그들이 능력을 발휘해 (국가를 위해) 봉사할 기회를 뺏을 수 있는 권한이 없다고 생각합니다."

링컨이 임명한 장관들은 시간이 흐를수록 대통령이 가진 진심과 고매한 인격에 감복되어 훗날에는 열렬한 지지자로 돌아섰다. 이러한 통치 철학은 링컨이 떠난 지 오랜 세월이 흘러도 미국을 구한 위대한 통치철학으로 평가되어 오늘날까지 존경과 배움의 대상이 되고 있다. 오래전인 20대 시절 가난한 정치 신인 링컨이 일리노이주 하원의원으로 당선된 그즈음 훗날 그의 인생으로 평가받는 다음과 같은 말을 했다.

"사람은 누구나 저마다의 포부를 가지고 있다. 저는 여러분의 존경을 받을 만한 사람이 되는 것 말고 다른 것은 없다. 내가 그 야망을 이룰 수 있는지는 아직 모르겠다."

그는 힘들고 어려운 어린 시절을 지내며 독서를 통한 생각과 의식의 확장을 통하여 좌절과 포기보다는 노력과 도전으로 그의 인생을 열어갔고 이러한 삶을 대하는 자세와 원칙은 나이 들면서는 내면의 비교할 수 없는 고귀한 힘으로 승화되었다. 링컨은 수없이 실패와 좌절을 겪으면서 넘어지기는 했지만 뒤로 물러나지는 않았다. 그는 고난이라는 포장지 속에 숨겨진 성취를 찾아내곤 하였다. 노예해방선언에 이르는 수많은 곡절, 남북전쟁의 위기에도 국민에게 용기와 힘을 주었고 처벌보다는 용서했으며 반목하는 장군들과 각료들을 끌어안고 모두가 최선의 노력을 다할 수 있도록 만들었다.

훨씬 전인 1842년 스프링필드에서 변호사 링컨은 한 모임에서 다음과 같은 내용의 연설을 했다.

"사람의 행동은 다른 사람에게 영향을 미칩니다. 그러므로 설득, 친절, 칭찬, 그리고 상대방을 배려하는 겸손한 태도가 필요합니다. '한 방울의 꿀'은 한 통의 쓸개즙보다 진하다고 생각합니다. 사람의 경우도 마찬가지입니다.

만약 당신의 대의에 다른 사람들이 따르게 하려면 먼저 당신이 그의 진정한 친구라는 것을 확신시켜야 합니다. 다른 사람의 마음을 사로잡는 한 방울의 꿀은 그의 마음을 자극하는 수단입니다. 일단 다른 사람의 마음만 얻게 된다면 당신의 대의가 정당하다고 그를 확신시키는데 아무런 문제가 없습니다.

반대로 다른 사람을 명령하고 지배하고 나아가 강요를 해보십시오. 그러면 그는 자신의 진실한 생각과 의견을 감출 것이고 마음을 닫아버릴 것입니다."

미래의 대통령 링컨 변호사의 심중에는 이미 사람의 마음을 얻는 방법이 무엇인지를 확실하게 알고 그대로 실천했다는 것을 보여주는 내용이다.[27]

---

27 마틴 루터킹 목사는 1963년 8월 28일 세계사적으로 유명한 연설 '나에게는 꿈이 있습니다(I HAVE A DREAM)'를 링컨 기념관 앞에서 연설했다. 그는 "링컨 정신은 아직도 살아있다(The Spirit of Lincoln Still Lives)"고 강조했다.

링컨 대통령을 기리는 파르테논 신전 모양의 기념탑.
Lincoln's Memorial Park in Washington D.C.

링컨 기념관 앞에서 바라본 워싱턴 기념탑. 총높이 170m로 지어진 기념탑은
국회에 경의를 표하는 목적으로 건설되었기 때문에 워싱턴 D.C.에서는 이 기념탑보다
높은 건물이 들어설 수 없도록 제한하는 법규가 있다. 그 너머에는 미의회 의사당이 자리하고 있다.

링컨의 유머
어록
생애 연대표 및 참고문헌

링컨의 유머

링컨의 유머에 관한 일화는 오늘날까지 전해져 우리의 웃음을 자아내게 만든다. 가난과 불행이 그를 우울하고 심각하게 만들었지만 그는 슬픔을 딛고 일어나 밝고 재치 있었고 유머 감각도 뛰어난 인물이었다.

...

"나는 많은 조롱을 견뎌왔고 친절한 대접도 많이 받아왔습니다. 그렇다고 조롱이 크게 악의가 있던 것은 아니었습니다. 또 친절한 대접이라고 해서 조롱기가 전혀 없던 것도 아니었습니다."

— 연극배우 제임스 해케트James Hackett가 셰익스피어에 관해 쓴 책을 링컨에게 보냈다. 링컨은 셰익스피어 연극에 대한 의견을 담아 감사의 답신을 보냈다. 이 편지가 유출돼 신문에 기사와 함께 실

렀는데, 링컨을 놀리는 내용이었다. 이에 해케트가 사과하자 링컨이 위로한 말이다.

...

거만해 보이는 한 여성이 백악관 리셉션에서 링컨에게 다가왔다. 그 여성은 링컨에게 자기 아들을 대령으로 임명해 달라고 요구했다. 그 여성은 그것이 혜택이 아니라 아들의 권리라는 점을 설명했다.

"대통령님, 제 할아버지는 렉싱턴에서 싸웠습니다. 제 친척은 블래든스버그에서 유일하게 도망치지 않았습니다. 제 아버지는 뉴올리언스 전투에 참전했습니다. 대통령님, 그리고 제 남편은 몬테레이에서 전사했습니다."

링컨이 대답했다.

"부인, 부인의 가족은 이 나라를 위해 충분히 할 만큼 했습니다. 이제 다른 사람에게 기회를 줘야 할 때입니다."

...

어느 날 오후, 링컨은 책상 위에서 사면을 요청하는 애틋한 내용의 편지를 발견했다. 이런 경우 늘 다발로 첨부되는 유력한 후원자들의 청원서도 없었다.

"이 남자는 친구가 없습니까?" 대통령이 물었다.

그는 친구가 한 명도 없다고 옆에 있던 비서가 확인했다.

링컨이 말했다. "그럼 제가 친구가 되겠습니다."

그리고 링컨은 사면에 서명했다.

•••

링컨이 호텔 웨이터에게 말했다. "이것이 커피라면 차를 갖다주세요. 하지만 이것이 차라면 커피로 해주세요"

if this is coffee, please bring me some tea. but if this is tea, please bring me some coffee.

— 커피 맛에 대한 불만을 우아하게 표현.

•••

남북전쟁 중 가장 어두웠던 시기에, 보스턴의 저명한 지역 인사 대표단이 불만을 전하러 백악관에 왔다.

대통령은 참을성 있게 이야기를 듣고는 물었다.

"몇 년 전에 찰스 블론딘[28]이 나이아가라 폭포 양쪽에 로프를 팽팽하게 걸어놓고 그 위를 건너간 걸 기억하십니까?"

대표단이 고개를 끄덕였다.

"대서양에서 태평양에 걸친 이 위대한 나라가 지금까지 이루어

---

28 찰스 블론딘(Charies Blondin, 1824. 2.28.~1897. 2.22.) : 프랑스 출신의 줄타기 곡예사. 1859년 그는 340m의 나이아가라 협곡을 줄타기로 횡단하였다.

낸 물질적 가치, 부, 번영, 성과, 그리고 미래에 대한 희망, 이 모두를 어깨에 지고 블론딘이 저 무서운 폭포를 건넌다고 상상해보십시오. 그리고 그런 것들이 후세에 남을 지 여부가 블론딘의 능력에 달려 있다고 생각해보십시오. 또 가정의 평안 등 세상에서 여러분이 가장 귀하게 생각하는 모든 것들이 블론딘이 폭포를 건너느냐의 여부에 역시 달려 있다고 가정해보십시오."

링컨은 계속 말했다.

"블론딘이 장대로 균형을 잡아가며 자신이 발휘할 수 있는 가장 정교한 기량으로 천둥처럼 울리는 폭포 위를 조금씩 전진해나가고 있는 그 상황에서, 여러분이 폭포 맞은편 쪽에 있다고 상상해보십시오. 여러분은 그에게 '블론딘, 한 발 오른쪽으로! 블론딘, 한 발 왼쪽으로!' 그렇게 소리치겠습니까? 아니면 말없이 숨을 죽이며 전능하신 신에게 그를 이끌고 도와서 무사히 건널 수 있도록 기도하시겠습니까."

방문 대표단은 무슨 말인지 이해했다. 그들은 조용히 일어서 모자를 집어든 뒤, 대통령에게 작별인사를 했다.

•••

1863년 가을, 링컨에게 주치의가 가벼운 천연두 증세가 있다고 말했다. 늘 그랬던 것처럼 자리를 요구하는 공직 희망자들office seekers에게 시달리던 상황이었다.

"전염되는 겁니까?" 대통령이 물었다.

"매우 전염성이 강합니다." 의사가 단언했다.

그런데 링컨은 이상하게도 기분이 좋아 보였다. 의사가 이유를 묻자 대통령이 설명했다.

"좋은 점이 하나 있군요. 이제 내가 모든 사람들한테 나눠줄 수 있는 무엇인가를 갖게 됐으니 말입니다."

...

링컨은 조상에 대해서 별 관심이 없다고 말했다. "저는 제 할아버지가 누구인지 잘 모릅니다. 저는 그의 손자가 앞으로 어떻게 될지에 더 관심이 많습니다."

...

끼어들기 좋아하는 웨이드 상원의원이 조지 매클렐런 장군을 지휘 계통에서 해임토록 대통령을 압박하려 했다. 그러나 링컨은 그럼 누가 군을 통솔하느냐고 물었다. 웨이드는 비아냥댔다.

"글쎄요. 누구라도 할 수 있죠. 확실히 누구라도 매클렐런보다는 더 잘할 겁니다."

그러자 링컨이 말했다.

"웨이드, '누구라도any body' 당신을 위해 일할 수 있습니다. 나를 위해서 말고요. 그러나 나는 지금 '어떤 사람somebody'이 필요합니다.

•••

백악관 리셉션에서 한 노인이 모자를 흔들며 큰 소리로 말했다.

"대통령님, 뉴욕주에서 왔습니다. 그곳에서 우리는 전능하신 신과 에이브러햄 링컨이 이 나라를 구할 것으로 믿고 있습니다."

링컨이 얼굴에 미소를 지으며 고개를 끄덕였다. 그리고는 이렇게 말했다.

"친구여, 반만 맞았습니다."

— 신만이 이 나라를 구할 수 있다는 것이다.

•••

1864년 링컨의 재선 캠페인 중 특히 힘들었던 시기에, 한 친구가 대통령에게 노골적으로 당선될 것으로 기대하느냐고 물었다.

"글쎄요" 링컨이 대답했다.

"누군가 편을 들어주지도 않았는데 공직에 당선됐다는 사람이 있단 이야기는 들어본 적이 없는 것 같습니다"

•••

링컨은 같은 당 사람들로부터 비난받을 때 어떻게 대응하느냐는 질문을 받자 이렇게 말했다.

"그 문제에 대해서는 치즈를 먹으며 자신의 생각을 얘기했던 일리노이주의 어떤 노인 같은 기분이 듭니다. 그가 식사하고 있는데 아들이 들어와서 분위기가 깨졌습니다. 그의 아들이 말했습니다.

'잠깐요, 아버지! 치즈에 벌레가 있어요!'

그는 식사를 계속하면서 이렇게 대답했습니다.

'걱정 마라, 아들아, 벌레들이 참을만하면 나도 참을만하다.'"

...

링컨은 노예제도의 악함과 노예제도 옹호론자들의 위선을 단 한 문장으로 드러냈다. 그는 이렇게 말했다.

"누구든지 노예제도를 찬성하는 주장을 들을 때마다, 그 사람을 개인적으로 노예를 시켜 보면 어떨까 하는 강한 충동이 생깁니다."

...

추운 겨울날 링컨이 시골길을 걷고 있었다. 마침 마차 한 대가 뒤에서 다가오자 링컨은 마차를 세우더니 "괜찮으시다면 제 외투를 읍내까지만 실어다 주시겠습니까?" 하고 물었다.

마차 주인이 "그러죠. 그런데 외투를 어떻게 찾아가시겠습니까?" 하고 묻자 링컨이 눈을 찡긋하며 대답했다.

"그 점은 걱정 안 하셔도 됩니다.

제가 외투 안에 있을 예정이거든요."

마차 주인은 웃으며 링컨을 마차에 태워 주었다.

...

링컨은 키가 매우 컸다. 그런데 자신보다 키가 더 큰 사병을 만나게 되었다. 한참 관심 있게 키다리 사병을 본 링컨이 다음과 같이 물었다.

"여보게, 만일 자네가 발이 시릴 경우에 발이 시린 다음 얼마 후에 머리가 그걸 알게 될까?"

...

친구들 간의 모임에서 링컨이 말했다.

"어느 때 나는 거울을 유심히 보고 있었지요. 보니 내 얼굴, 참 못생겼습디다. 그래서 어찌할까를 곰곰이 생각한 끝에 이왕 이렇게 된 거 제일 못생긴 사람이 되기로 결심했죠. '그래, 나는 이 도시에서 제일 못생긴 사람이야. 이 영광스러운 지위를 노리는 놈은 가만두지 않겠어!' 아, 그런데 얼마 뒤에 (옆에 앉아 있는 친구를 가리키며) 이 친구가 우리 도시로 이사를 왔더란 말입니다. 이 친구를 보는 순간 나는 호적수가 나타난 걸 알았죠. 나는 얼른 집으로 가서 장총을 들고 나와 이 친구를 겨누고 말했습니다.

'어서 기도를 올리게. 내가 자네를 처단할 테니까.'

이 친구가 황당한 표정으로 말하더군요.

'무슨 영문이지 알고나 죽어야 할 거 아냐? 이유나 들어보자고.'

'난 이 도시에서 제일 못생긴 사람이야. 자넨 그런 내 지위를 위

협하고 있다고!'

그러자 이 친구, 내 얼굴을 꼼꼼히 살펴보는 것이었습니다. 그러더니 크게 한숨을 쉬고 나서 풀이 잔뜩 죽어 말하더군요.

'내가 자네보다 못생겼단 말이지? 그렇담 어서 쏘게나. 자네보다 못생긴 얼굴로는 나도 살고 싶지 않아.'"

...

대통령 링컨은 남에게 시키지 않고 자신의 구두를 직접 닦는 사람이었다.

이 광경을 본 어느 장관이 말했다.

"각하께서 직접 구두를 닦습니까?"

"그럼 내가 내 구두 닦지 남의 구두 닦아주나."

...

링컨의 부인 메리는 항상 트러블메이커였다. 그녀는 집안에서 뿐만이 아니라 밖에서도 늘 충동적이고 성급하며 신경질을 부리는 여자였다.

링컨이 변호사로 일하던 시절 메리가 생선가게 주인과 대판 싸워 가게 주인을 격노하게 만들었다.

그는 남편인 링컨에게 화를 냈다. 그러자 링컨이 가게 주인의 어깨에 손을 얹고 이렇게 조용히 부탁했다.

"나는 15년 동안 참고 살아왔습니다. 그러니 주인 양반은 15분 동안만 참아 주십시오."

...

남북전쟁 당시에 두 여인이 누가 전쟁에서 이길지에 대해 이야기했다.

    A 여인 : 내 생각에는 제퍼슨(남군 대통령)이 이길 것 같아!
    B 여인 : 왜 그렇게 생각하지?
    A 여인 : 왜냐하면 그는 성실히 기도하거든!
    B 여인 : 링컨도 기도를 하는데…
    A 여인 : 나도 알아, 그렇지만 하나님은 링컨이 기도하는 것은 농담으로 생각하실 거야!

...

하루는 링컨의 어린 두 아들이 싸움을 했다. 그 소리가 어찌나 컸던지 이웃집 아주머니가 무슨 큰일이라도 벌어진 줄 알고 달려와서 물었다.

"아니, 집안에 무슨 일이라도 생겼습니까?"

그러자 링컨은 너털웃음을 터뜨리며 이렇게 대답했다.

"걱정하실 필요 없습니다. 인류의 보편적인 문제가 발생했을 뿐입니다."

"도대체 무슨 일인데요?"

"네, 제가 도넛 세 개를 사왔는데, 두 아들 녀석이 서로 자기가 두 개를 먹겠다고 야단이지 뭡니까. 그래서 일어난 싸움입니다. 제가 하나를 먹어 치우면 문제는 간단하니까 아무 걱정하실 필요 없습니다."

링컨의 어록

...

나는 울지 않기 위해서 웃는다. 그게 전부다. 그것밖에 다른 이유가
없다.

...

하나님이 북군 편에 서시길 기도하지 말고, 북군이 하나님 편에 서
게 해달라고 기도하라.

...

책을 두 권 읽는 사람이 책을 한 권 읽는 사람을 지배한다.

...

나의 두 발이 올바른 자리에 있는지 확인하고 그 자리를 굳게 지켜라.

...

훌륭한 사람이 되고자 결심한 사람일수록 언쟁에 시간을 낭비하지
않는다.

...

내가 이길 것이라는 의무는 없지만 진실하게 살 것이라는 의무가 있다.

...

마찰 없이 보석을 빛나게 할 수 없듯 시련 없이 사람을 완전하게 할 수는 없다.

...

말을 함으로써 모든 의혹을 없애는 것보다는 침묵을 지키며 바보로 보이는 것이 낫다.

...

진실은 모함에 맞서는 최고의 해명이다.

...

투표는 총알보다 강하다.

...

항의할 때 침묵하는 죄가 겁쟁이를 만든다.

...

신은 평범한 사람들을 좋아한다. 그것이 바로 그분께서 보통 사람들을 이렇게 많이 창조하신 이유다.

...

소송을 삼가라. 네 이웃들이 타협할 수 있도록 설득하는데 최선을 다하라.

...

우리는 적이 아니라 친구이다. 우리는 서로 적이 되어서는 안 된다. 감정이 상했다고 서로 애정의 유대관계를 끊어서는 안 된다.

...

인격이 나무라면 평판은 그 그림자와 같다.

...

오늘의 책임을 피함으로써 내일의 책임을 피할 수는 없다.

...

미래의 가장 좋은 점은 한 번에 하루씩 온다는 점이다.

...

국민 일부를 오랜 세월 속이는 것도 가능하며, 모든 국민을 잠시 속이는 것도 가능하지만, 전 국민을 영원히 속일 수는 없다.

...

사랑하는 사람에게 할 수 있는 가장 나쁜 일은 바로 그들이 할 수 있고 해야 할 일을 대신해주는 것이다.

...

나무를 베는데 한 시간이 주어진다면 도끼를 가는데 45분을 쓰겠다.

...

내 경험으로 미루어보건대 단점이 없는 사람은 장점도 거의 없다.

•••

늘 명심하라. 성공하겠다는 너 자신의 결심이 다른 어떤 것보다 중요하다는 것을.

•••

사람은 마음 먹은 만큼 행복하다.

•••

누구에게도 악의를 품지 말고 모든 이를 사랑하는 마음으로.

•••

나는 가장 많은 사람에게 가장 큰 도움을 줄 수 있는 방안을 좋아한다.

•••

그 싸움에서 질 수 있다는 가능성 때문에 옳다고 믿는 명분을 외면해서는 안 된다.

•••

나는 항상 가혹한 정의보다는 자비가 더 큰 결실을 맺는다고 믿는다.

•••

슬픔은 누구에게나 찾아온다. 슬픔을 완전히 해소할 방법은 시간밖에 없다. 사람들은 시간이 지나면 괜찮아질 것이라는 사실은 당장에 깨닫지는 못한다. 그러나 이것은 실수다. 우리는 반드시 다시 행복해진다.

...

거의 모든 사람이 역경을 견뎌낼 수 있다. 그러나 한 인간의 인격을 시험해보려면 그에게 권력을 주어보라.

...

근면성실하고 강한 정신력만 있다면 어려운 환경에서 태어나도 성공할 수 있다.

...

고난과 역경은 우리에게 용기와 희망과 근면을 가르쳐주려는 하늘의 은총이다.

...

내가 가는 길은 늘 험난하고 미끄러웠다. 그래서 나는 자꾸만 넘어지곤 했다. 그러나 나는 기운을 차리고 나에게 말했다.
'괜찮아. 길이 미끄러워도 낭떠러지는 아니잖아?'

...

힘으로 얻은 승리는 수명이 짧다.

...

권력을 잡으면 인간성이 폭로되는 법이다.

...

빠른 자가 아니라 꾸준히 걷는 자가 승리한다.

...

나는 만나는 사람마다 배움의 기회로 삼는다.

...

어떤 일을 할 수 있고 해야 한다고 생각하면 길이 열리게 마련이다.

...

나는 천천히 걷는 사람이다. 그러나 뒤로 가지는 않는다.

...

내가 바라는 것이 있다면

내가 있음으로 해서

이 세상이 더 좋아졌다는 것을 보는 일이다.

생애 연대표

연도	일자	나이	비고
1809	2월 12일	0세	켄터키주 호젠빌에서 출생
1811		2세	링컨 일가, 나브크리크로 이주
1812		3세	남동생 토마스 링컨 사망
1816	12월	7세	링컨 일가, 인디애나주 스펜서카운티로 이주
1818	10월 5일	9세	어머니 낸시 사망
1819	12월 2일	10세	아버지 토마스, 사라 부시와 재혼
1820	3월 8일	11세	북위 36도 30분 이북은 노예제도 금지하는 〈미주리 타협안〉이 국회에서 채택
1824	가을	15세	피전크리크 blab school 임시학교 다님
1827		18세	오하이오강 나룻배 사공으로 일함
1828	1월 20일	18세	누나 사라 사망(21세)
1830		21세	링컨 일가, 일리노이주 디케이터로 이주
1831	7월	22세	덴턴 오퍼트 가게 점원이 되어 뉴세일럼 생활 시작.
1832	3월 9일	23세	일리노이 하원에 휘그당원(공화당 전신)으로 출마
	4월 21일		블랙호크 전쟁이 일어나자 자원 입대. 중대장으로 활동하다 7월 제대
	8월 16일		일리노이 주 의원 선거 낙선 윌리엄 베리와 잡화상 동업
1833	5월 7일	24세	뉴세일럼 우편국장이 됨
1834		25세	일리노이 주의원 당선. 측량기사 일 병행
1835	봄	26세	링컨과 베리 상점 파산. 베리의 죽음으로 상점 빚 떠안음
			앤 러틀리지와 사랑에 빠짐 8월 25일 앤 러틀리지 사망(장티푸스)

연도	일자	나이	비고
1836	8월 1일	27세	일리노이 주의원 재선
			변호사 자격 취득
1837	2월 28일	28세	링컨의 역할로 일리노이 주도 스프링필드 선정
	4월 12일		존 스튜어트와 변호사 개업
	4월 15일		스프링필드로 이주
1838		29세	일리노이 주의원 3선
1839	가을	30세	메리 토드와의 첫 만남
1840	8월 3일	31세	일리노이 주의원 4선 메리 토드와 약혼
1841	1월 1일	31세	메리 토드와 파혼
	4월 14일	32세	스티븐 로건과 변호사 업무 시작
1842	여름	33세	메리 토드와 다시 교제 시작
	11월 4일		메리 토드와 결혼
1843	8월 1일	34세	첫 아들 로버트 출생
1844	1월 16일	34세	스프링필드 잭슨가에 있는 현재 '링컨의 집' 구입, 5월 1일 이사
	12월	35세	윌리엄 헌던과 변호사 업무
1846	3월 10일	37세	둘째 아들 에드워드 출생(1850년 사망)
	8월 3일		연방 하원의원 당선
1847	10월 25일	38세	스프링필드 떠나 12월 2일 워싱턴 도착
1848	1월 12일	38세	하원에서 멕시코전쟁 비판 연설
1850	2월 1일	40세	둘째 아들 에드워드 사망
	12월 21일	41세	셋째 아들 윌리엄 출생
1851	1월 17일	41세	아버지 토마스 사망

연도	일자	나이	비고
1853	4월 4일	44세	넷째 아들 토마스 출생(1871년 사망)
1854	10월 4일	45세	더글러스의 켄자스-네브라스카 법안 변호연설 공박
	10월 16일		더글러스와 논쟁 격화
1855	2월 8일	45세	미국 국회 상원의원 선거 낙선 스탠턴과 합동으로 사건 변론
1856	5월 29일	47세	일리노이 블루밍턴 공화당 창당대회에서 '잃어버린 연설'로 관심 모음
1857	6월 26일	48세	드레드 스콧 판결
1858	5월 7일	49세	옛 친구 잭 암스트롱 아들 변호, 석방 시킴
	6월 16일		공화당 상원의원으로 지명됨 '분열된 집' 연설
	8월 21일		오타와에서 더글러스와 최초의 '노예제도' 합동 논쟁
	11월 2일		상원선거 패배(더글러스 당선)
1859	9월 이후	50세	지방 순회 강연으로 전국적인 인물로 성장
1860	5월 18일	51세	공화당 대통령 후보로 지명됨
	10월 19일		11살 소녀 그레이스 베델의 수염을 길러보라는 편지에 답장함
	11월 6일		대통령 당선
1861	2월 1일	51세	스프링필드 떠나 2월 23일 워싱턴 도착
	2월 23일	52세	워싱턴 도착
	3월 4일		제16대 대통령 취임
	4월 12일		남북전쟁 개전
	4월 15일		7만 5천여 명 민병대 소집
	6월 3일		더글러스 사망. 30일간 조의 표명을 공포
1862	2월 20일	53세	셋째 아들 윌리엄 사망

연도	일자	나이	비고
	9월 15일		앤티텀 전투 승리
	9월 22일		예비 노예해방선언문 발표
1863	1월 1일	53세	노예해방선언 발효
	7월	54세	빅스버그 전투, 게티즈버그 전투 승리
	11월 19일		게티즈버그 연설
1864	3월 9일	55세	그랜트 장군을 총사령관에 임명
	11월 8일		대통령 재선
1865	4월 9일	56세	리 장군, 그랜트 장군에게 항복
	4월 14일		존 윌크스 부스에게 포드극장에서 피격
	4월 15일		아침 7시 22분 운명

참고문헌

본 책자를 만들기 위하여 참고한 자료는 다음과 같다.

나의 멘토 링컨, 데일 카네기, 리베르(2010)

권력의 조건, 도리스 컨스 굿윈, 이수연 옮김, 21세기북스(2013)

링컨의 일생, 김동길, 샘터(1991)

Civil War Battlegrounds: The Illustrated History of the War's Pivotal(2020)

Battles and Campaigns, Richard Sauers, Crestline Books(2020)

LINCOLN, David Herbert Donald, Simon & Schuster(1995)

LINCOLN, A Picture Story Of His Life, Stefan Lorant(1979)

Lincoln at Cooper Union: The Speech That Made Abraham Lincoln(2011)

President, Harold Holzer, Simon & Schuster Lincoln Library(2006)

Lincoln At Gettysburg: The Words That Remade America, Garry Wills,
Simon & Schuster(2006)

Lincoln's Greatest Speech: The Second Inaugural, Ronald C. White Jr,
Simon & Schuster(2006)

The Civil War: A Visual History, Jemima Dunne(2011)

We Are Lincoln Men: Abraham Lincoln and His Friends, David Herbert
Donald, Simon & Schuster(2004)

링컨 대통령의 리더십의 실체, 김형곤, 미국사연구, 2007

신화와 현실: 링컨과 1860년 대통령 선거, 김남균, 미국사연구, 2009

에이브러햄 링컨: 미국 신화의 탄생, 김남균, 미국사연구 vol.33, 2011

링컨과 노예제도, 그리고 노예제도 폐지론–링컨과 노예제도 폐지론자들과

관계를 중심으로, 허현, 서양사론 vol.154, 2022

에이브러햄 링컨 대통령의 위기관리 리더십, 김형곤, 미국사연구, 2022

영화 〈링컨〉으로 미국의 역사적 맥락 읽기, 김수임, 2022

'재건의 실패?: 링컨의 암살과 재건의 전복', 허현, 2021

후기

링컨이라면 무엇을 했을까
What would Lincoln do?

2012년은 미국 대선이 있던 해
였다. 공화당 오바마는 미국 대
통령 재선을 노리고 있었고 이
에 맞선 공화당 롬니는 상승세
를 이용하여 치열하게 대결하
였다.

대통령 선거는 11월 6일 실시
될 예정이었고 전날 타임지는
사진과 같은 제목을 달고 출간
되었다.

2012년 11월 5일자 타임지

선거는 막바지에 다다라 양측 간의 공방은 치열했고 미국민은
두 후보를 사이에 두고 첨예한 대립각을 세웠다. 이렇게 국론이 양

301

분되고 다툼이 격화될 때 그리고 그것이 지나치거나 임계점에 다다를 때는 의례 '링컨의 정신'이 등장한다. 그의 대의 정신과 화합과 포용의 리더십 더 나아가 분리될 위기의 미연방을 구해낸 그 뜨거운 애국심을.

링컨 정신이 거론되면 우리 편끼리의 진영의식을 넘어선 자랑스러운 아메리카의 가치관이 공감대를 형성한다. 이러한 선한 전통은 트럼프의 등장 이래로 가려진 느낌은 들지만 미국이 가진 저력이나 리더들의 양심이 살아있는 한 복원될 것으로 생각된다. 만약 링컨 정신이 사라진다면 그것은 미국의 위기이고 나아가서는 전세계의 재앙이 될 것이다. 미국의 패권주의가 많은 시비와 논란의 대상이지만 그래도 역사상 패권주의를 추구했던 파시즘이나 공산주의 국가들에 비해서는 선한 영향력을 행사하고 있다.

그렇다면 그가 떠난 지 두 세기가 다가오는 데도 링컨의 역사적 영향력은 변함없는 것일까? 세상의 많은 정치가가 명멸했어도 링컨만큼의 그림자를 길게 드리우는 사람은 찾기 어렵다.

링컨보다 2,200여 년 전 중국 춘추전국 동주(東周)시대에 태어난 맹자(孟子)의 고자장(告子章)에 이런 가르침이 쓰여 있다.

天將降大任於斯人也(천장강대임어사인야)

必先勞其心志(필선노기심지)

苦其筋骨(고기근골)

餓其體膚(아기체부)

窮乏其身行(궁핍기신행)

拂亂其所爲(불란기소위)

是故 動心忍性 增益其所不能(시고 동심인성 증익기소불능)

하늘이 장차 어떤 사람에게 큰일을 맡기려 하면

반드시 먼저 그 마음과 뜻을 괴롭게 하고

육신을 힘들게 고생시키고

굶주림에 시달리게 하고

생활은 가난에 빠지게 하고

하고자 하는 일마다 어지럽게 만드니

그 이유는 그럴수록 마음을 분발하게 하고 참을성을 길러

지금까지 할 수 없었던 일을 할 수 있게 하기 위함이다.

맹자의 말씀대로 링컨은 가난 속에서 태어나 자라며 온갖 설움을 겪었다. 어린 나이에 어머니를 떠나 보내고, 배고픔도 부실한 옷차림도 일상처럼 되었고, 어린 나이부터 아버지를 도와 농장일을 했고, 이웃의 일을 도와 돈을 벌어 집안에 보태며 살아갔다. 목수나 농사 일을 배워 다른 사람처럼 대충 살아가라는 아버지의 뜻을 뿌리치고, 독학의 그 힘들고 어려운 과정을 포기하지 않고 굳세게 걸어갔다. 그뿐이랴, 그는 성공보다는 실패가, 당선보다는 낙선이 많

은 인생을 겪었고 가정적으로도 아들 둘을 일찍 잃고 성격 강한 부인의 시달림 속에 살아야 했다.

그러나 그는 어린 시절 품은 뜻을 시간이 흐를수록 더욱 강하고 원대하게 키워나가 화합과 포용으로 흑인 노예를 해방시키고 남북전쟁의 소용돌이에서 분열 위기의 연방을 구하고 남·북 모든 미국인을 끌어안았다.

그러한 그의 관용과 화합 정신이 모태가 되어 갈라서는 위기에 처한 미국을 다시 하나로 더욱 강하게 결속시킨 것이었다. 링컨의 일생을 돌아보고 그이의 흔적을 찾아간 곳마다 많은 사람들이 끊임없이 '링컨 정신'을 되새기며 추모하는 모습을 보았다.

어찌 보면 링컨의 일생을 관통한 선한 정신은 미국을 세계의 지도 국가로 밀어올리는 힘이 아닐까 싶다. 그런 생각이 들 때마다 늘 마음 속에 소원처럼 바람이 생긴다.

'우리도 이런 지도자를 만나고 싶다.'

광화문 사거리에서 쉼 없이 이어지는 반목과 대립 그리고 갈등의 현장을 일상처럼 바라보면서 이 소망은 늘 가슴속에 자리한다.

2024년 봄

저자